Kleine kriminalistische Bücherei

Herausgegeben von Hans Schneickert

4

Kriminalistische Spuren-Sicherung

Von

Dr. jur. Hans Schneickert

3. Auflage

Kleine kriminalistische Bücherei

Herausgegeben von Hans Schneickert

4

Kriminalistische

Spurensicherung

Sammlung dienstlicher Anweisungen und sachverständiger Ratschläge für den Dienstgebrauch und Polizeiunterricht

Herausgegeben von

Dr. jur. Hans Schneickert

Lehrbeauftragter für Kriminalistik an der Univ. Berlin

Mit 2 Abbildungen

Dritte verbesserte Auflage

Walter de Gruyter & Co.

vormals G. J. Göschen'sche Verlagshandlung · J. Guttentag, Verlagsbuchhandlung · Georg Reimer · Karl J. Trübner · Veit & Comp.

Berlin 1944

Archiv Nr. 24 11 44/4
Druck von Walter de Gruyter & Co., Berlin W 35

Inhaltsverzeichnis.

Vorwort zur dritten Auflage.

Der Versuch, eines der wichtigsten Gebiete der Kriminalistik in möglichst kurzer Form dargestellt zu haben, scheint mir gelungen zu sein. In der Neuauflage wurden wieder einige neue Sachgebiete mitberücksichtigt und die bisherigen in einigen wichtigen Punkten ergänzt. Zum besseren Verständnis mußten manchmal Hinweise und Begründungen hinsichtlich der Identifizierbarkeit der Spuren gegeben werden, um so die Sorgfalt beim Spurensuchen noch zu steigern. Wer die in gedrängter Kürze dargestellten Lehren beherrscht, hat schon sehr viel für seinen schweren Beruf gelernt. Nun handelt es sich aber auch darum, die Lehren der Spurensicherung in der Praxis sorgfältig und gewissenhaft anzuwenden, wenn sie Nutzen spenden sollen; denn Fehler und Versäumtes am Anfang der Untersuchung laufen oft zum großen Schaden aus. Und das will doch schließlich jeder vermeiden. In der Vorbereitung zu den gestellten Aufgaben der Verbrechensaufklärung möge das Büchlein ein guter Ratgeber sein.

Zeuthen (bei Berlin), Oktober 1943.

Dr. Schneickert.

Einleitung.

Die Notwendigkeit der Beweissicherung hat sich aus der Praxis selbst ergeben, wie auch ihre Ausführungsarten. Die Gesetze schreiben dazu nur wenig vor. Kein gerichtliches Verfahren könnte darauf verzichten; und wir finden auch schon in der Zivilprozeßordnung im § 485 eine Beweissicherungsbestimmung ganz allgemeiner Art, wenn dort gesagt wird, daß die Einnahme des Augenscheins und die Vernehmung von Zeugen und Sachverständigen zur Sicherung des Beweises erfolgen kann, wenn zu besorgen ist, daß das Beweismittel verloren oder seine Benutzung erschwert werde. Diese Besorgnis ist im Strafverfahren in noch viel höherem Grade zu befürchten, weshalb die moderne Kriminalpolizei gerade auf die Schaffung guter Sicherungsverfahren und Schulung ihrer Beamten in der Spurensicherung besonderen Wert legt und legen muß.

Wir haben von der Bestimmung des § 160 StPO. auszugehen, wonach die Staatsanwaltschaft und ihre kriminalpolizeilichen Hilfsbeamten bei der Erforschung des Sachverhaltes nicht bloß die zur Belastung, sondern auch die zur Entlastung dienenden Umstände zu ermitteln und für die Erhebung der Beweise Sorge zu tragen hat, deren Verlust zu besorgen steht. Ähnlich lautet auch die Bestimmung des § 190 Abs. 2 StPO. bei der gerichtlichen Voruntersuchung.

Spuren im kriminalistischem Sinne sind alle wahrnehmbaren und verwertbaren Indizien oder „Anzeigungen“, wie sie der Gesetzgeber unserer Vorfahren vor 130 Jahren bezeichnete. Daraus folgt, daß es zwar überwiegend sachliche oder reale Beweismittel sind, ohne die nicht sachlichen, aber doch auch wahrnehmbaren, Verdacht erregenden und begründenden Erscheinungen im Zusammenhang mit dem zu erforschenden kriminellen Tatbestand stehenden Anzeichen auszuschließen; darüber gibt der kurze Abschnitt über seelische Spuren näheren Aufschluß. Daraus ergibt sich weiter, daß es sich nicht nur um Spuren am Tatort selbst handelt, sondern auch sonst wo, sobald ein Zusammenhang mit der Tat selbst zu vermuten oder sogar nachzuweisen ist.

Der in der Strafrechtswissenschaft wichtige Begriff des Kausalzusammenhanges besagt: Hat eine Handlung zu dem Eintritt eines bestimmten Ereignisses irgend etwas, wenn auch nur in geringem Maße beigetragen, so ist sie als seine Ursache anzusehen. Auf die kriminalistische Beweislehre angewendet, würde dies ungefähr so viel bedeuten, daß jede Spur des Verbrechens ein Glied der Beweiskette bildet, die in ihrem lückenlosen Zusammenhang die Tatsache des Verbrechens und seinen Inhalt klar legt, auch ohne daß der Urheber ermittelt ist oder seine Tat zugibt.

Zum Vollbeweis wären zwar Kenntnis und Nachweis aller Spuren nötig, aber in Wirklichkeit ist die Beweiskette oft nicht geschlossen; dann kommt es darauf an, die Lücken nach Möglichkeit zu beseitigen und die nicht ermittelten oder verloren gegangenen, weil z. B. beseitigten Spuren nach rechtlichen Vermutungen und in glaubwürdiger und überzeugender Weise zu ergänzen. Diese erstrebte Ganzheit der Verbrechensspuren, selbst bei abgelegtem Geständnis des Täters, erfordert eine möglichste Vervollkommnung der Spuren- und Beweissicherung durch Unterricht und Übung. Wir wissen genau, daß es sehr schwierig ist, hier etwas Vollkommenes zu erreichen; aber trotzdem muß immer wieder auf die Wichtigkeit der Spurensuche und -sicherung hingewiesen werden, weil sie in sehr vielen Fällen das unentbehrliche Skelett des ganzen Strafverfahrens darstellt und Sachverständigen wie Richtern ihre Berufstätigkeit zu erleichtern bestimmt ist. Sie kann ebenso gut aber auch erschwert werden, je nach dem Stande der technischen Beweissicherungsverfahren im allgemeinen und der Ausbildung und richtigen Anwendung in der Hand der ausführenden Organe der Polizei.

Beobachten und Beweissammeln setzen kriminaltechnische und -taktische Ausbildung voraus, die darin besteht, zu wissen, wie, wann und wo Spuren des Verbrechens hinterlassen werden. Da sie vielfach mit der Art des Verbrechens wechseln und unterschiedlich sind, kann nur eine weitgehende Spezialausbildung ein volles Verständnis für alle Arten der Verbrechen und ihre Sonderspuren erwarten lassen. Vorerst kommt es weniger auf die sachverständige Auswertung der Spuren an, weil sie vielfach für die Spezialsachverständigen gesammelt und gesichert werden müssen. In vielen Fällen wird der praktische Kriminalist sein eigener Sachverständiger sein müssen, wenn auch nicht in dem Sinne der Ablehnungsvorschriften der §§ 74 und 22 Ziff. 4 StPO., die eine scharfe Trennung zwischen polizeilicher Tätigkeit und Sachverständigentätigkeit machen.

In manchen Fällen wird zweckmäßigerweise der Sachverständige selbst die zu seinem Gutachten nötigen Spuren suchen und sichern, z. B. der chemische Sachverständige bei Brandstiftungen, oder er muß seinen Spurenbefund persönlich feststellen, wie der Gerichtsarzt bei Sittlichkeitsverbrechen oder Abtreibungen. Um diese Untersuchungen und Befundfeststellungen überhaupt durchführen zu können, mußte, um alle früheren Zweifel zu beseitigen, erst die neue Bestimmung des § 81a in die Strafprozeßordnung aufgenommen werden. Danach darf eine körperliche Untersuchung des Beschuldigten zur Feststellung von Tatsachen angeordnet[1]) werden, die für das Verfahren von Bedeutung sind. Andere Personen dürfen ohne ihre Einwilligung nur untersucht werden, wenn festgestellt werden muß, ob sich an ihrem Körper eine bestimmte Spur oder Folge einer strafbaren Handlung befindet.

Die kriminalistischen Lehrbücher enthalten ja vielfach Ausführungen über Spurensicherung und -auswertung. Es soll hier aber kein Lehrgang der Spurenkunde gegeben werden, sondern in gedrängter Kürze das Wichtigste und Notwendigste an Hinweisen und Winken der Spurensicherung, damit wenigstens erreicht werden kann, immer wiederkehrende Fehler vermeiden zu lernen und kriminaltaktisch richtig vorzugehen, soweit die Spurensuche und -sicherung zur Aufgabe gegeben sind. Das Prinzip: Kleine Ursachen — große Wirkungen muß gerade auf diesem Gebiet als mahnende Lehre im Vordergrund stehen.

Da jeder Verbrecher und seine Begünstiger das Bestreben haben, die Spuren des Verbrechens zu verwischen oder zu beseitigen, ist der Idealzustand eines vollkommenen Spurenbefundes in den wenigsten Fällen zu er-

---

[1]) Vom Richter, bei Gefahr im Verzug von der Staatsanwaltschaft und deren polizeilichen Hilfsbeamten.

warten und vorzufinden. Aber auch die Anzeichen einer Spurenbeseitigung oder -irrelenkung sind manchmal nachzuweisen und dann von erhöhter Beweiskraft, ähnlich wie ein bei Schriftverstellung versehentlich unterlaufenes wichtiges Schriftmerkmal der gewohnten Schreibweise des Urhebers, das er durch eine Ausbesserung zu verdecken suchte.

Sollte es aber einem solchen Begünstiger einfallen, die Tätigkeit der Kriminalpolizei bei der Tatbestandsaufnahme zu stören, so gibt es im § 164 StPO. gegen solche Störungen ein wirksames Schutzmittel, auf das ich schließlich hier noch hinweise:

„Bei Amtshandlungen an Ort und Stelle ist der Beamte, welcher sie leitet, befugt, Personen, welche seine amtliche Tätigkeit vorsätzlich stören oder sich den von ihm innerhalb seiner Zuständigkeit getroffenen Anordnungen widersetzen, festnehmen und bis zur Beendigung seiner Amtsvorrichtungen, jedoch nicht über den nächstfolgenden Tag hinaus, festhalten zu lassen.“

Falls der Verdacht einer Vergiftung vorliegt, ist nach § 91 StPO. die Untersuchung der in der Leiche oder sonst gefundenen verdächtigen Stoffe durch einen Chemiker oder durch eine für solche Untersuchungen bestehende Fachbehörde vorzunehmen, die nach Anordnung des Richters unter Mitwirkung oder Leitung eines Arztes stattfinden kann.

I. Anleitung zur Bearbeitung von Kapitalverbrechen[1].

Vorbemerkung. Die nachstehende Anleitung ist als eine Reihe von praktisch erprobten und bewährten Grundsätzen aufzufassen, die im großen und ganzen für den Gang der ersten Ermittelungen maßgebend sein werden. Dagegen bleibt die Bestimmung der einzelnen Maßnahmen, welche die Sachlage in jedem besonderen Falle erfordert, nach wie vor der pflichtmäßigen Sorgfalt des leitenden Beamten überlassen.

Mehr als bei Erforschung sonstiger strafbarer Handlungen sind bei der Bearbeitung von Kapitalverbrechen diese sieben Fragen als Richtlinien zu beachten: Wer, was, wo, wann, womit, warum und wie?

A. Tatort in Wohnungen und sonstigen Innenräumen.

1. Beim Eintreffen auf dem Tatorte ist zunächst dessen strengste **Absperrung** im engeren und weiteren Umfange zu veranlassen)[2].

Bei Prüfung des Sachverhalts bei der **ersten Besichtigung des Tatortes** kommt es vor allem auf die Beantwortung folgender Fragen an:

Wann, wo, von wem und in welcher Lage ist der Tote aufgefunden worden?

Sind Verletzungen vorhanden und welche?

---

[1]) Nach einer alten Dienstanweisung der Berliner Kriminalpolizei bearbeitet.

[2]) Auch Haustiere müssen ferngehalten werden.

Liegen Spuren eines vorausgegangenen Kampfes oder andere Anzeichen der Mitwirkung dritter Personen vor?

Ist eine vorgefundene Waffe gebraucht worden, vielleicht auch von dem Getöteten selbst?

Fehlt die Waffe bei augenscheinlichem Gebrauch einer solchen?

In welchem Zustande war der Verschluß der Türen und Fenster des Raumes, in dem der Tote aufgefunden wurde?

Was ist über den Hergang oder die vorausgegangenen Ereignisse des Todesfalles bekannt geworden? Name und Wohnung der Auskunftspersonen sind festzustellen. Bei Wasserleichen ist festzustellen, in welchem Zustande sie aufgefunden worden sind, ob bekleidet, unbekleidet, verschnürt, verpackt, und welche Mittel hierzu verwendet sind.

3. Es ist zu vermeiden, unmittelbar an die **Leiche** heranzugehen, bevor nicht zum mindesten die nähere Umgebung sorgfältig nach Spuren aller Art abgesucht worden ist. Es muß verhindert werden, daß Spuren — insbesondere Fuß- und Blutspuren am Boden, verlorene oder fortgeworfene Gegenstände (z. B. Papier, Knöpfe, Kleiderfetzen u. dgl.) in den Erdboden hineingetreten oder auf hartem Boden zertreten werden.

4. Ist es zweifelhaft, ob der Tod des Opfers des Verbrechens bereits eingetreten ist, oder sind Lebenszeichen an ihm wahrnehmbar, so ist der nächsterreichbare **Arzt** herbeizurufen, der den eingetretenen Tod festzustellen oder die erforderlichen Maßnahmen zur Rettung des Verletzten zu treffen hat. Läßt sich bei diesen Maßnahmen der objektive Tatbestand nicht erhalten, so ist vorher der Tatbestand, soweit er eine Änderung erfahren

soll, genau aufzunehmen, insbesondere die Lage des Körpers und der einzelnen Glieder, Blutausflüsse usw. (vgl. Ziff. 10).

Hält bei vorhandener Todesgefahr der Arzt den Verletzten für vernehmungsfähig, so ist dieser je nach Entscheidung des Arztes sofort abzuhören, oder es ist zwecks eidlicher Vernehmung der für solche Eilfälle bestimmte **Richter** zum sofortigen Erscheinen am Tatorte aufzufordern unter dem Hinweis, daß (bei Mordversuch) der lebensgefährlich Verletzte nach ärztlicher Ansicht noch vernehmungsfähig ist.

5. **Feststellung, wer den Mord zuerst wahrgenommen,** Ermittelung von Personen, welche über die allgemeine Sachlage, Person des Ermordeten, Umgebung des Tatortes usw. Auskunft geben können, Feststellung der Beziehungen dieser Personen zum Ermordeten und der Umstände, wie sie zur Entdeckung des Mordes gekommen sind.

6. **Feststellung, wer den Tatort sonst betreten hat,** wo diese Personen überall gewesen, ob sie in Blut oder sonstige Spuren getreten sind. Der Beamte muß sich solche Spuren zeigen lassen, damit sie nicht versehentlich verwischt und in geeigneter Weise vor Beschädigung geschützt werden.

7. Hat der Kommissar sich darüber unterrichtet, ob die **Lage der Leiche** dieselbe ist, wie sie zuerst gefunden wurde, oder welche Veränderungen daran vorgenommen worden sind, ob und welche Spuren, insbesondere Fußspuren, ursprünglich vorhanden gewesen und welche etwa später durch Beamte, Ärzte oder durch Publikum hinzugekommen sind, so sondert er die Zeugen nach der Wichtigkeit ihrer Bekundungen, be-

hält sie in der Nähe und läßt sie überwachen, damit sie nicht gegenseitig ihre Wahrnehmungen und Mutmaßungen austauschen können und dadurch in Verwirrung und Zweifel geraten über eigene Wahrnehmungen und über Tatsachen, die sie nur vom Hörensagen wissen.

8. Hierauf ist die **photographische Aufnahme des Tatortes** durch die Beamten des Erkennungsdienstes zu veranlassen.

Sind seit der Entdeckung der Tat Veränderungen am Tatorte vorgenommen worden, so sind mindestens zwei Aufnahmen zu fertigen.

Aufnahme I zeigt den Tatort in dem Zustande, in dem er sich gerade befindet, also mit allen seit Entdeckung der Tat eingetretenen und vorgenommenen Veränderungen.

Für die Aufnahme II ist alsdann der Tatort nach Möglichkeit so herzurichten, wie er sich bei Entdeckung der Tat oder doch beim Eintreffen der Beamten des Mordbereitschaftsdienstes zeigte. (Rekonstruktion des Tatortes.)

Für die Abweichungen, welche Aufnahme II von Aufnahme I zeigt, sind Zeugen festzustellen, die bekunden können, daß Aufnahme II den ursprünglichen Zustand richtig wiedergibt.

9. **Sicherung der vorgefundenen Spuren,** der Fuß- und Blutspuren durch Überdecken mit Kisten, Kasten, Töpfen, Eimern, auf Steine gelegten Brettstücken usw. — Befestigung von Marken oder Zetteln an einzelnen beweiserheblichen Gegenständen —, besonders im Freien — mit entsprechenden Aufschriften, damit keine Verwechselung eintritt. Später Aufnahme der Blut-, Fuß-, Hand-, Finger-, Schartenspuren usw. durch Photo-

graphie, Zeichnung, Abmessung, Durchpausen, Ausgießen, Modellieren u. dgl. (Näheres hierüber siehe unter Ziff. 23.)

10. Zur Ergänzung der Photographie ist nunmehr eine **Skizze des Tatortes** und seiner nächsten Umgebung zu fertigen. Durch genaue Beschreibung der Leiche, ihrer Lage, auch Lage der einzelnen Körperteile, wie Arme und Beine, zueinander und zur Umgebung, sowie der Lage der übrigen Gegenstände unter Angabe der Maße und Größen, soweit diese für die Aufklärung der Tat von Wichtigkeit sein können, ist die Skizze näher zu erläutern.

11. **Beschreibung der sichtbaren Verletzungen,** mit welchem Werkzeug, aus welcher Richtung und unter welchen Umständen sie vermutlich oder augenscheinlich beigebracht sind. Feststellung der Todesart durch den Arzt und sonstiger Spuren an der Leiche, wie Würge- und Kratzspuren im Gesicht, an Ohren, Hals, Händen, Armen, Unterleib, Schenkeln, Geschlechtsteilen, z. B. bei Vergewaltigungen oder sadistischen Akten. Ferner achte man auf Nägeleindrücke von zugreifenden Fingern, Bißverletzungen, Schnittwunden an Hand oder Fingern, die bei der Abwehr entstanden sind. Nachforschung, ob sich in den Händen der Leiche irgendwelche Gegenstände oder Haare, Kleiderfetzen usw. befinden, oder unter den Nägeln Blut, Haut oder Fleischstückchen, ferner ob dem Körper des Getöteten Haare ausgerissen sind. In diesem Falle sind aus der Nähe der betreffenden Stelle Haare zu entnehmen[1]) und mit entsprechender Kennzeichnung

[1]) Schwarzacher meint, daß etwa zehn festzustellende Haare mit einer mehrfach größeren Zahl von „Vergleichungshaaren“ untersucht

aufzubewahren. Ferner stelle man fest, ob und wie die Kleider der Leiche in Unordnung geraten oder beschädigt sind, ob abgerissene Fetzen am Tatort vorhanden oder vom Täter vielleicht auch mitgenommen worden sind, was in allerdings seltenen Fällen auch für fehlende Leichenteile gilt.

12. **Weitere Feststellungen** unter Zuziehung von Angehörigen und sonstigen Personen, die hierüber Auskunft geben können, und zwar nach der Richtung, was vorhanden ist, was fehlt[1]), was hinzugekommen und vom Täter mitgebracht ist oder sein kann, z. B. vorgefundene Streichhölzer, Streichholzschachtel, Kerzenstümpfe, Zigarren- oder Zigarettenstummel oder -asche, Wachs- oder Kerzenflecken, Fensterlappen und Pechpflaster, Erde von Stiefelsohlen herrührend, Kot, Gewehrpfropfen, Patronen und Hülsen, Geschosse, auf die besonders zu achten sind, wenn Feuerwaffen zur Anwendung kamen; ferner Taschentücher (mit oder ohne Zeichen), Kleiderfetzen, abgerissene Knöpfe oder Einsteckknöpfe, Kopfbedeckungen (mit oder ohne Zeichen und Firmenangaben), Werkzeuge, Stricke und Bindfaden, z. B. bei der Fesselung des Opfers gebraucht, Papierreste mit oder ohne Schriftzeichen, Notizbuch oder sonstiges Geschriebenes oder Gedrucktes.

---

werden müssen, um zu einem sicheren Resultat zu kommen. Die Haare sollen aber nicht abgeschnitten, sondern mit ihrer Wurzel herausgezogen werden.

[1]) Insbesondere auch Taschen, Kartons, Säcke, Koffer, Körbe und sonstiges Verpackungsmaterial, was zur Wegschaffung der Leiche oder geraubten Gutes mitgenommen wurde oder sein kann. Die bei einem Kapitalverbrechen abhanden gekommenen Gegenstände sind bis zu ihrer Ermittlung, mindestens aber fünf Jahre lang in den Diebstahlsmerkkarten-Sammlungen verzeichnet aufzubewahren.

Genaue Beschreibung dieser wichtigen Beweismittel, bei geraubten Wertpapieren auch Feststellung ihrer Fälligkeit, der Unkündbarkeitsfrist, der Erneuerungstermine für Zinsscheinbogen und Erneuerungsscheine, soweit dies möglich ist. Diese Angaben sind für die alsbald erfolgenden öffentlichen Bekanntmachungen und Benachrichtigungen der Presse, Gewerbetreibenden, wie Banken, Pfandleiher, Trödler, sehr wichtig.

Bei Verdacht des Giftmordes sind Gläser, Tassen, Flaschen, Töpfe oder sonstige Gefäße und Behältnisse mit verdächtigen Flüssigkeiten, Bodensatz, Pulvern, Medikamenten, Chemikalien u. dgl. festzustellen und in zuverlässiger Weise zu sichern und aufzubewahren. Das Gleiche ist unerläßlich bei den ebenfalls als wichtiges Beweismittel in Betracht kommenden Entleerungen des Opfers, wie Erbrochenes und Stuhlgang in Nachtgeschirr, Eimer, Abort. Sollte der Verdacht bestehen, daß vergiftete Nahrungsmittel oder Süßigkeiten oder Sendungen mit Explosivstoffen eine Rolle spielen, ist nach allem dazu gehörigem Verpackungsmaterial, Begleitschreiben, Adressenaufschriften usw. zu fahnden.

Bei hinzugekommenen Gegenständen, wie Waffen, Messern, Mord- oder Einbruchwerkzeugen u. dgl., muß der Ursprung und Vorbesitz[1]) festgestellt werden, um zu prüfen, ob sie gekauft, gestohlen oder selbst angefertigt sind; auf etwaige Merkmale dieser Gegenstände, die auf ihre Herkunft hinweisen können, ist besonders zu achten. Manchmal lassen solche Merkmale auch auf die Persönlichkeit des Täters schließen, besonders wenn es sich um selbst angefertigte Werkzeuge handelt.

---

[1]) Geeignet sind: Ausstellen solcher Gegenstände im Polizeigebäude und Abbildungen in der Tagespresse.

Wenn das Vorhandensein nicht explodierter Höllenmaschinen und Bomben vermutet wird, ist mit ganz besonderer Vorsicht vorzugehen; ohne Spezialsachverständige[1]) können solche Beweismittel nicht gesichert und ausgewertet werden.

Feststellung aller Veränderungen am Tatort anläßlich der Tatausführung, aller Orts- und Lageveränderungen von Möbelstücken und Gebrauchsgegenständen, der Beschädigungen an Türen, Fenstern, Wänden, Fußboden, Decke, Möbelstücken[2]). Bei erbrochenen Türen und Behältnissen sind die Eindrücke von Werkzeugen festzustellen und zu sichern (siehe Abschnitt VI); ferner von Schußspuren, nach Möglichkeit auch Feststellung der Geschoßbahn und des Standortes des Schützen, von wo aus er geschossen hat.

Die Feststellung eines auffallenden **Geruches** am Tatort, der mit der Tatausführung zusammenhängt, wie Narkotisierung des Opfers, Brandmittel (Petroleum), ist ebenfalls wichtig, wobei auch Angehörige des Opfers, wie auch besonders geruchempfindliche Menschen heranzuziehen sind.

---

[1]) Als solche kommen vor allem die nächstgelegenen Artilleriewerkstätten in Betracht, die zu verständigen und zum Abholen gefährlicher Munition benachrichtigt werden müssen. Vgl. dazu auch den Runderlaß RMdI. vom 21. 10. 1938 (RMBliV., S. 1732), betr. Behandlung beschlagnahmter Waffen und Munition durch die Polizei. Besteht für die Munition Transportgefahr, so ist sie mit Genehmigung der zuständigen Gerichts- und Polizeibehörden unter Beachtung der Sicherheitsbestimmungen zu vernichten.

[2]) Besonders auch dann, wenn es sich um Beschädigungen durch abgefeuerte Waffen oder durch das Werfen von Gegenständen im Kampf des Opfers mit dem Angreifer handelt.

13. Möglichst genaue **Feststellung der Zeit der Tat**[1]). Bei vorhandenen Uhren ist festzustellen, von wem und wann sie aufgezogen sind; ebenso wann und von wem brennende Lampen und Lichte angezündet worden sind, welche Menge Brennöl, Stearin, Gas (bei Gasautomaten) usw. beim Anzünden, wieviel zur Zeit der Entdeckung des Mordes vorhanden war oder wann die Flammen erloschen sind[2]).

Wichtig sind der Zeit nach genau feststellbare Geräusche, erregte Gespräche, Hilferufe, Hundebellen, Schüsse, verdächtiger Lichtschein usw. (siehe unter Siffer 20).

14. **Feststellung des Weges,** den der Täter zum und vom Tatorte genommen, da hieraus manchmal auf Ortskenntnis geschlossen werden kann; Verfolgung der Blutspuren an Türen, Fenstern, Luken, auf Korridoren, Treppen, Treppengeländern, Wänden, an durchwühlten Sachen; Feststellung, ob der Täter nach bestimmten Gegenständen gesucht hat, ob planlos oder mit Überlegung und mit augenscheinlicher Ortskenntnis. Angabe, wo sonst noch Spuren gefunden worden sind oder sich befinden konnten, aber nicht gefunden wurden. In dieser Beziehung ist auch Negatives festzustellen, weil es zu einem Anhalt führen kann. So würde z. B. bei Blutspuren im Zimmer deren Aufzählung allein nicht genügen; auch daß im Waschbecken kein Blut, im Handtuch keine blutigen Abdrücke gefunden worden sind, ist bei sonstigen Blutspuren wichtig. Weiter ist zu prüfen, ob der

[1]) Auch durch ärztliche Begutachtung des vermutlichen Eintritts des Todes, soweit jetzt schon möglich.

[2]) Anhaltspunkte können auch (unberührt gebliebene) eingeworfene Zeitungen und Postsachen ihrem Datum nach ergeben.

Täter verletzt sein muß oder kann (wo und wie), ob er Kleider- und Körperbeschädigungen davongetragen, sich beschmutzt und mit Blut bespritzt hat (wo und in welchem Umfange), ob er durch Schmutz und Wasser gehen oder über eine Mauer, Zaun oder Eisengitter klettern mußte. Welche Schlüsse lassen sich aus dem Vorhandensein oder Fehlen von Schlüsseln ziehen?

15. **Schlüsse auf die Person des Täters:** Aus Verletzungen der Leiche auf Größe, Körpergestalt, Kraft, Alter, Beruf des Täters, sowie auf seinen Standpunkt beim Beibringen der Verletzungen; beim Durchzwängen durch enge Öffnungen[1]), Luken, Kamine, auf Stärke des Körperwuchses, aus dem Gewicht und Umfang des Geraubten auf Zahl der Täter (ein Erwachsener kann im allgemeinen nicht mehr als einen Zentner forttragen). Falls Pferde, Wagen oder Karren bei der Tat benutzt worden sind, wird die Tiefe und Breite der Gleisspuren (d. i. der Radreifen) und die Wagenspur (die Entfernung der äußeren Räder voneinander) zu messen sein[2]). Die Normalwagenspurbreite beträgt 1,32 m und findet sich fast ausnahmslos bei jeder Art von Fuhrwerk (städtischem und ländlichem Arbeitsfuhrwerk, Droschken usw.).

Aus der Art der „Arbeit" des Täters, d. h. wie er Türen und Schlösser geöffnet oder erbrochen, wie er einen Knoten gemacht oder sein Opfer gefesselt hat, Schmuckgegenstände auseinandergenommen oder zerbrochen, Silbersachen, z. B. Bestecke, durch Zerbrechen auf ihren Wert geprüft, Geringwertiges (Neusilber, nur

[1]) Gitterstäbe an Fenstern müßten zum Durchzwängen (des Kopfes) mindestens Abstände von 13 cm aufweisen.

[2]) Über Fahrradspuren siehe unter VII.

versilberte Gegenstände u. dgl.) hat liegen lassen, wird man meist bestimmte Schlüsse ziehen können, ob man es mit einem alten erfahrenen Verbrecher oder einem Anfänger zu tun hat. Auf den Beruf des Täters lassen schließen: die Art der Anfertigung der vorgefundenen Dietriche, Stemm- und Brecheisen; die Art und Weise, in welcher Türen und Schlösser geöffnet, Türfüllungen ausgeschnitten, Schlösser ausgesägt, Geldschränke gesprengt, Pech- oder Schmierseifepflaster beim Eindrücken der Fensterscheiben verwendet sind. Auch das Vorgehen des Täters beim Einsteigen durch Dach- und Kellerfenster, Rauchfänge und Kamine kann charakteristisch sein.

Fernere Schlüsse: Aus der Bewegung des Täters am Tatorte auf Ortskenntnis[1]), aus dem Aufbrechen bestimmter Behältnisse, in denen Geld- und Wertsachen aufbewahrt zu werden pflegten, auf Vertrautheit mit den Gewohnheiten des Ermordeten; aus Zeit und Ort der Tat auf Kenntnis des Tages, an dem gerade Geld vorhanden gewesen[2]), oder des Weges, den der Ermordete zu wählen pflegte[3]); aus Schweigen der Hunde, auf deren Bekanntschaft mit dem Täter oder auf das Gegenteil, wenn Hunde vergiftet werden.

16. **Motiv der Tat.**

Feststellung, ob in Frage kommen: Raub. — Beseitigung eines Hindernisses bei Ausführung einer straf-

[1]) Der Täter kann aber auch durch einen ihm gelieferten genauen Lageplan sich wie ein „Ortskundiger“ am Tatorte bewegen.

[2]) Z. B. einkassierte Gelder für Miete, zurückgezahlte Darlehen und Hypotheken, eingenommene Verkaufsgelder und Ratenzahlungen.

[3]) Z. B. Kassenboten aller Art, die Gelder von einem zum anderen Orte zu bringen haben.

baren Handlung (§ 214 StGB.). — Rache infolge verschmähter Liebe oder eines gelösten Verlöbnisses oder Verrats. — Eifersucht. — Rache wegen Entlassung aus Arbeit und Stellung, wegen Bestrafung, schlechter Behandlung, Ehrenkränkung; voraufgegangener Streit (Tötung im Streit). — Übervorteilung, z. B. bei Erbschaftsangelegenheiten. — Befürchtung entgehenden Gewinnes (Erbschaft). — Wunsch baldigen Besitzes einer Erbschaft. — Beschaffung von Ausweispapieren. — Nahrungssorgen, Kindesmord, Beseitigung zu unterhaltender Personen (Altenteil), des Ehegatten zwecks Eingehung einer neuen Ehe, des Mitwissers eines Geheimnisses oder einer Straftat; Beseitigung einer lästig gewordenen Schwangeren. Kann Lustmord aus sadistisch-sexuellen Motiven vorliegen oder ist der Mord auf Geisteskrankheit, religiösen Wahnsinn, Aberglauben[1]), politischen Fanatismus zurückzuführen?

17. **Über die Person des Ermordeten** ist festzustellen: Persönlichkeit, Ruf, Charakter, Familien-, Vermögens-, Erwerbs- und sonstige persönliche Verhältnisse, insbesondere Existenz eines etwa geschieden oder getrennt lebenden Ehegatten, dessen Verkehr und Anhang (Konkubinat, Verhältnis mit anderen Personen, homosexueller Verkehr); des Ermordeten Feinde, entlassene Dienstboten oder Angestellte, Erben.

Im Besitz des Toten befindliche Papiere und Briefschaften sind sorgfältig durchzusehen. Besteht ein Zusammenhang mit Zeitungssuchanzeigen?

Es ist festzustellen, seit wann der Ermordete von Angehörigen oder seinen Nachbarn vermißt, wo, wann, von

[1]) Z. B. Anthropophagie, Tötung unschuldiger Kinder aus abergläubischen Motiven.

wem er zuletzt gesehen worden ist, was für ein Benehmen er hierbei an den Tag gelegt, ob er sich über Erlebnisse und Erwartungen, auch ängstliche, ausgesprochen hat, insbesondere daß und wen er zu Besuch erwarte. In welchem Rufe stehen die Hausbewohner? Wie sind ihre Verhältnisse? Haben sie Verkehr oder sonstige Beziehungen zum Ermordeten unterhalten? War dieser ein Sonderling? Welche besondere Gewohnheiten hatte er? War er kränklich, geistesschwach oder ernstlich krank? Heiratslustig? Abergläubisch? Befaßte er sich mit Hypnose, okkulten Dingen? Wer kannte diese Eigenschaften und Beschäftigungen oder konnte sie kennen? Wer konnte wissen, daß jener allein in der Wohnung sei, daß er diese zu bestimmten Zeiten zu verlassen, diesen oder jenen Weg zu nehmen, Geld oder Wertsachen an bestimmten Tagen oder Stunden in der Wohnung und an einem ganz bestimmten Orte aufzubewahren oder fortzutragen pflegte?

18. **Wird eine bestimmte Person verdächtigt,** so wird über sie festzustellen sein: Persönlichkeit, Ruf, Vorstrafen, Charakter; persönliche, Familien-, Erwerbs-, Vermögensverhältnisse; Verkehr, Anhang, Liebschaften; ob sie verheiratet, geschieden oder nur (vorübergehend oder dauernd) getrennt vom Ehegatten lebte, ob sie auffällige Geldausgaben, Neuanschaffungen von Möbel- und Kleidungsstücken, Schmucksachen, Grundstücksankäufe gemacht oder Schulden bezahlt hat.

Ferner ob sie seit der Tat ein unstätes, ruheloses, auffallend lustiges oder niedergeschlagenes Wesen an den Tag legte oder ein ungeordnetes oder gar wüstes Leben führte und anscheinend Betäubung durch Genuß aller Art suchte. Ob und mit welchem Interesse sie die über den Mord veröffentlichten Zeitungsberichte verfolgte. Besuch bei der Kartenlegerin nachweisbar? Übertriebenes und daher verdächtiges Interesse an dem Mordfall? Wie äußerte sich dies?

Es wird der Versuch zu machen sein, unauffällig an den Verdächtigen heranzukommen, ihn zu beobachten, ihn sicher zu machen, indem, ihm wahrnehmbar, der Verdacht auf andere Personen gelenkt wird. Er kann durch günstiges Angebot zum Verkauf des Geraubten, durch gute Kaufgelegenheit zur Verausgabung geraubten Geldes verlockt werden. Seine Liebhabereien sind zu diesem Zwecke auszukundschaften, auch kann versucht werden, ihn durch etwa vorhandene Gläubiger drängen zu lassen. Wird Fluchtplan erwogen oder vorbereitet? Ist er in Haft genommen, so kann ein Aufpasser (Vigilant) zu ihm gesetzt werden mit der Aufgabe, sein Vertrauen zu gewinnen und ihn auszuhorchen[1]).

19. **Ist der Täter gesehen worden?** Hat jemand den Täter gesehen oder glaubt er ihn gesehen zu haben, so wird zu prüfen sein, ob dies möglich oder irrtümlich war, ob diese oder andere Angaben wahr oder erlogen sind, etwa aus Sensationslust, Wichtigmacherei, Phantasterei, Rachsucht, Fahrlässigkeit, gemeiner Gesinnung oder in der Absicht, Zeugengebühren zu erlangen oder in den Zeitungsberichten erwähnt zu werden.

Bei Aufnahme einer genauen **Beschreibung des Täters** ist nur das zu beachten, was wirklich feststeht; dagegen ist alles fortzulassen, was zweifelhaft erscheint. Besonders vorsichtig ist bei Angaben über Alter und Größe des Täters zu verfahren. Diese ist zunächst durch

---

[1]) Zellen können auch mit sogen. Lauschmikrophonen ausgestattet werden.

Vergleichung mit der Größe anderer Personen festzustellen und erst dann im Längenmaß anzugeben. Besonderen leicht wahrnehmbaren Merkmalen, Gewohnheiten oder Charaktereigentümlichkeiten des Täters ist vornehmlich Aufmerksamkeit zu schenken, z. B. ob derselbe Narben, Warzen, Sommersprossen, Leber- und Blutflecke oder Male im Gesicht und an den Händen, ob er einen schielenden Blick, ein Glasauge, hinkenden Gang, fehlende oder verkrüppelte Finger, verkrüppelte und fehlende Gliedmaßen, Rückenkrümmung, Tätowierungen (wo und was darstellend?) und dergleichen hat. Ferner ob er lispelt, stottert, jähzornig usw. ist[1]).

Die Örtlichkeit, von welcher aus Zeugen etwas wahrgenommen haben wollen, ist auf die Glaubhaftigkeit ihrer Angaben sorgfältigst zu prüfen.

20. **Angabe des Eigentümers, der Lage des Grundstücks,** der auf demselben vorhandenen Baulichkeiten und ihrer Bestimmung, der Zugänge zum Grundstücke, insbesondere zu dem Raume, in dem der Ermordete — wenn außerhalb seiner Wohnung — gefunden wurde; Feststellung, ob dieser Raum offen oder verschlossen gewesen, und zwar von innen oder außen[2]), oder ob das Schloß nur eingeklinkt, die Türe teilweise geöffnet, ob der Schlüssel oder ein Riegel vorhanden ist, wer geöffnet, wer den Schlüssel in Verwahrung hat und zu öffnen und zu schließen oder den Eingang zu bewachen pflegt (Pförtner), ob die Zugänge von jedermann ohne weiteres

[1]) Kenntnisse in der Signalementslehre erleichtern hierbei die zu stellenden Fragen.

[2]) Durch besonderen Trick läßt sich ein innensteckender Schlüssel (oder auch Riegel) von außen schließen, um z. B. Selbstmord vorzutäuschen.

und ohne gesehen zu werden passiert werden können, ob sich an den Türen Klingelzüge und Alarmglocken befinden, ob das Grundstück von der Nachbarschaft aus leicht oder über Mauern, Zäune usw. hinweg, vom Dache aus oder über Dächer zu erreichen ist, ob vorhandene Dachluken offen oder verschlossen gehalten werden, ob offene oder zerbrochene Kellerfenster, unverschlossene Kellertüren vorhanden sind, ob der Täter mühelos seinen Weg durch einen Schornstein oder Kamin, über ein Gerüst am Hause, über einen Balkon, Mauerverzierungen oder am Blitzableiter entlang hatte nehmen können, ob die Stockwerke über, unter und neben dem Mordraume unbewohnt oder zur Zeit des Mordes verlassen gewesen sind, wem dies bekannt war oder bekannt sein konnte, endlich ob und wann die Bewohner dieser Räume Schreie, Hilferufe, Schimpfen, Lärm, einen Fall, einen Schuß oder sonst etwas von einem Kampfe zwischen dem Mörder und seinem Opfer wahrgenommen haben.

21. Ist der **Fundort der Leiche** augenscheinlich nicht der Tatort, so wird zu einer der zuerst erforderlichen Maßnahmen die Feststellung der Persönlichkeit des Ermordeten gehören (s. Ziff. 17).

Zur Feststellung der Person des — insbesondere außerhalb seiner Wohnung aufgefundenen — Ermordeten sind, soweit Urkunden und Briefschaften in dessen Taschen fehlen oder keinen sicheren Aufschluß geben können, auch Fingerabdrücke des Toten aufzunehmen, um sie an die Fingerabdruckzentralen versenden zu können.

Es wird sodann nach den Spuren, die zum Tatorte führen, zu forschen und zu ermitteln sein, auf welche Weise die Leiche zum Fundorte geschafft worden ist, ob sich hieran eine oder mehrere Personen, mit oder ohne

Wagen oder Karren u. dgl. beteiligt haben. Es werden die mutmaßlichen Gründe der Fortschaffung und alle die Maßnahmen zu ermitteln sein, welche seitens des Täters zur Erschwerung der Persönlichkeitsfeststellung des Ermordeten[1]) getroffen worden und welche Schlüsse hieraus zu ziehen sind. Es ist zu ermitteln, ob, zu welcher Zeit und zu welchem Zwecke Personen am Fundorte verkehren und ob derjenige, der die Leiche gefunden hat, unverdächtig ist.

22. Um eine Wiedererkennung des unbekannten Toten zu erleichtern, empfiehlt sich bei entstellenden Kopf- und Gesichtsverletzungen eine Rekonstruktion durch sogenannte **Leichentoilette,** die der Gerichtsarzt und seine Mitarbeiter vornehmen können.

Bei **Leichenzerstückelungen** wird dies ganz besonders notwendig sein. In geeigneten Fällen kann auch die Röntgenphotographie gute Dienste leisten, z. B. zur Feststellung und genauen Beschreibung geheilter Knochenbrüche, um bei Ermittelung des Krankenhauses weitere Nachrichten über die Persönlichkeit des unbekannten Toten zu erlangen. Ebenso durch genaue Beschreibung des Zustandes des Gebisses unter Hinzuziehung eines Zahnarztes und Hinweise in deren Fachzeitschriften.

23. **Aufnahmen von Fuß- und Blutspuren, von Finger- und Handabdrücken**[2]).

a) **Blutspuren** werden photographisch gesichert oder

[1]) Z. B. Beseitigung von Ausweispapieren, Namen und Monogrammen aus Wäschestücken und Gebrauchsgegenständen, Gesichtsentstellung usw.

[2]) Durch Verf. vom 10. 10. 1915 war für die Berliner Kriminalpolizei angeordnet, daß die Polizeireviere bei Einbruchsdiebstählen am Tatorte vorgefundene Spuren, insbesondere Finger-, Fuß- und Schartenspuren, durch Beamte des Erkennungsdienstes, deren Benachrichtigung schnellstens erfolgen muß, sichern zu lassen haben.

in Natur durch Loslösen der Unterlage mitgenommen[1]). Blutspritzer sind, wenn sie in Lage und Form besonders charakteristisch für die Ausführung der Tat sind, photographisch aufzunehmen. Senkrecht fallende Blutstropfen des Verwundeten in ruhiger Haltung sind rund mit gezacktem Rande, im Gehen oder Laufen niederfallend sind sie keulenförmig, wobei die Keulenspitzen die Laufrichtung des Verwundeten anzeigen. Seitlich an die Wand spritzende Blutstropfen lassen ihrer Form und Lage nach ebenfalls Schlüsse über Stellung und Lage des Opfers während des Stiches oder Hiebes zu. Trotz starker Verwundungen des Opfers kann es vorkommen, daß den Täter keine Blutspritzer oder Blutstropfen erreicht haben.

b) **Fußspuren**[2]) werden entweder abgezeichnet, ausgegossen oder in Natur mitgenommen. Maßgebend sind die Ausführungen unter III.

c) Für die Sicherung von **Finger-** und **Handabdrücken** gibt die unter IV gegebene Anweisung nähere Auskunft.

B. Tatort im Freien.

24. Bei Kapitalverbrechen, die im Freien verübt sind, ist ganz besondere **Vorsicht beim Herantreten an die Leiche** zu beobachten, da wegen des weichen Erdreiches und der Bewachsung Spuren noch leichter als in bedeckten Räumen vernichtet, wichtige Beweisstücke, wie Kleiderfetzen, abgerissene Knöpfe und Haare, Papierreste u. dgl. in den Erdboden getreten werden können[3]).

[1]) Vgl. die unter II gegebenen weiteren Ratschläge.

[2]) Zu unterscheiden sind: Fuß- und Schuhabdrücke auf hartem Boden und -eindrücke auf weichem Boden.

[3]) Beim Auffinden von Leichen auf freiem Felde und im Walde ist

Außer den vorstehend unter A angegebenen Gesichtspunkten sind ferner von Wichtigkeit:

25. **Lage der Mordstelle** ist nach Himmelsrichtungen und dem nächsten Fuß- oder Fahrweg festzustellen.

26. **Nähere und weitere Umgebung der Mordstelle.** Feststellung, wie weit die nächsten Gebäude entfernt und welcher Art sie sind (Wohnhäuser, Fabriken, Schankstätten, Sportplätze, Lagerräume, Schiffe, Lauben usw.).

27. Feststellung, ob der Tatort mit einer **Umfriedigung** versehen, wie der Täter hineingelangt ist, z. B. durch Übersteigen, Einschleichen, gewaltsames Eindringen nach Beseitigen von Hindernissen, wie z. B. Durchschneiden von Drahtzaun, Herausreißen von Zaunlatten usw. Kann aus dem Übersteigen auf Gewandtheit oder jugendliches Alter des Täters, auf die Benutzung von Hilfswerkzeugen (Leitern, Stangen, Seilen) geschlossen werden? Läßt die Arbeit beim Einbrechen Schlüsse auf Erfahrung in solchen Dingen zu? Zeugt der Weg und der Zugang, den der Täter genommen, von Ortskenntnis? War der Zugang offen oder verschlossen?[1]).

28. Nachforschung nach **Spuren auch in weiterer Umgebung,** da erst hier der Täter weniger vorsichtig zu sein pflegt.

29. Feststellung, welches **Publikum** am Tatorte oder in der Nähe, in den benachbarten Gebäuden und Schankwirtschaften verkehrt; wer sonst seinen Weg über den Tatort oder in der Nähe vorbei nimmt. Zu welcher

---

besonders auch auf Wildspuren zu achten, um etwa nach dem Tode eingetretene Beschädigungen aufklären zu können. Bei Wasserleichen (aus fahrbaren Gewässern) kommen häufig die charakteristischen Verletzungen durch Dampferschrauben vor.

[1]) Feststellung etwaiger frischer Schuhkratzspuren an Zäunen, unter den Fenstern und neben Blitzableitern, ferner Spuren von Einbruchswerkzeugen.

Stunde und zu welchem Zweck sind diese Personen vorübergegangen, haben sie keinerlei verdächtige Wahrnehmungen gemacht, sind sie selbst verdächtig?

30. Ermittelung, **auf welche Weise** und wodurch veranlaßt **der Ermordete nach der Mordstelle hingekommen** ist oder dort hinkommen konnte, zu Fuß oder mittels Fuhrwerks, hingelockt[1]), in Ausübung seines Berufes, auf dem Wege von der Arbeit oder zur Arbeit, auf dem Heimwege von Besorgungen oder auf einem Spaziergange? Feststellung, was der Ermordete sonst am Tatorte gewollt haben kann, ob er allein oder in Begleitung männlicher oder weiblicher Personen gewesen, ob er mit Leuten in Streit geraten ist, ob er in Verfolgung unerlaubter oder strafbarer Zwecke sich dort aufgehalten hat (bei Frauenspersonen, ob zum Zwecke der Gewerbsunzucht?), ob der Ermordete einsame Spaziergänge liebte, ein Sonderling und menschenscheu war, ob er obdach- oder arbeitslos, arbeitsscheu, ein Umhertreiber war; schließlich ob jemand von diesen Eigenschaften wußte oder wissen konnte.

31. Feststellung des **Wetters**[2])[3]) zur Zeit der Mordtat und zur Zeit der Auffindung der Leiche.

32. Vernehmungsniederschriften und Berichte in Kapitalsachen werden zweckmäßig in doppelter Ausfertigung hergestellt (Schreibmaschinendurchschlag), um bei Abgabe der Akten an die Staatsanwaltschaft sich jederzeit Einzelheiten von Aussagen und Befundfeststellung vergegenwärtigen zu können.

---

[1]) Z. B. auch durch Brief, Karte oder Telegramm und Fernruf bestellt.

[2]) Vgl. Näheres hierüber im Archiv f. Kriminologie, Bd. 43, S. 154ff.

[3]) Die Beleuchtungsverhältnisse (Vollmond, Sonnenschein, bewölkt) erfährt man durch die Wetterwarten.

II. Sicherung von Blutspuren[1]).

Blutspuren am Tatorte müssen durch Überdecken mit Kisten, Töpfen, auf Steine gelegten Brettstücken usw. gesichert werden, ehe sie durch photographische Aufnahmen fixiert oder vom Sachverständigen entsprechend beurteilt sind.

Blutproben sollen am Tatorte zwecks Schonung der Blutsubstanz für Untersuchungen im Laboratorium möglichst vermieden werden, der mit eingetrocknetem Blut behaftete **Gegenstand** ist selbst zur besten Erhaltung der Spuren aufzubewahren. Kleinere Dinge, wie Papier, Holzstückchen, Späne, Erde, Gläser, Blätter, Stroh usw., können in Schachteln oder Glasgefäßen aufbewahrt werden. Größere Gegenstände, wie Streichholzschachteln, Kämme, Bürsten, Taschenmesser, Waffen u. dgl. sind gesondert in reines weißes Aktenpapier fest einzuwickeln, zu verschnüren und mit entsprechender Aufschrift zu versehen, die aber nicht auf die Überführungsgegenstände selbst aufzukleben ist.

Zeitungspapier soll grundsätzlich zum Verpacken von zur Untersuchung bestimmten Gegenständen **nicht** verwendet werden.

Beile, Äxte, Hämmer und ähnliches lassen sich auf ein Brett fest aufbinden, die Blutspur frei nach oben und mit Aktenpapier, das mit Reißnägeln oder mit Bindfaden befestigt wird, geschützt. Auch an größeren Gegenständen ist dieser Schutz von Blutspuren unerläßlich, wenn sie zur Versendung kommen.

---

[1]) Nach Dr. Leers, Die forensische Blutuntersuchung, Berlin 1910, und Hans Groß. Vgl. dazu weiter Handwörterb. d. ger. Medizin über das gleiche Thema.

Kleidungsstücke sind so fest wie möglich zu verschnüren damit nicht durch Reibung das getrocknete Blut sich ablöst; auch hier kann jede Spur durch eine Lage Watte, ferner Holzwolle oder Seidenpapier noch besonders geschützt werden.

In die Erde eingedrungenes Blut ist in seiner ganzen Ausdehnung und in reinen irdenen Töpfen oder (emaillierten) Eimern zu verwahren, wenn es von Wichtigkeit ist, die Menge des ausgeflossenen Blutes festzustellen, sogenannter „quantitativer Blutnachweis"[1]).

Wenn es nicht möglich ist, den ganzen Gegenstand zu verwahren, muß die Blutspur von der Unterlage sorgsam entfernt werden, so daß sie möglichst vollständig und unversehrt erhalten bleibt.

Trockene Spuren, besonders an glatten, etwas fettigen Flächen[2]), blättern leicht ab; sie können daher entweder mit physiol. Kochsalzlösung (0,85%) erweicht und in derselben Weise entnommen werden oder derart, daß man ein mit reiner Gummilösung bestrichenes Seidenpapier (Zigarettenpapier), solange dieses noch feucht ist, auf die Spur drückt. Das Papier nimmt die Blutspur an sich und kann mit ihr verwahrt werden. Die Auflösung mit Kochsalzlösung kommt besonders bei geneigten oder senkrechten Holz-, Stein- oder Metallflächen in Frage. In diesem Falle kann man die Spur zuvor mit Wachs umranden, um ein Herabfließen der Blutlösung zu vermeiden.

---

[1]) Z. B. bei Beurteilung der Frage, ob die Leiche am Fundort ausgeblutet ist oder blutleer dorthin gebracht wurde.

[2]) Z. B. an Wänden mit Ölfarbenanstrich, Parkettfußböden, Linoleumbelag, Wachstuchdecken.

Tapeten sind mit breiter Umrandung abzulösen, **Holzteile** abzumeißeln, **Dielen** auszusägen oder abzuhobeln[1]), **Mauerkalk** oder Mörtel breit abzuschlagen, immer in möglichst weiter Entfernung von der Spur, um ihr Zerbröckeln zu vermeiden. Erst in allerletzter Linie greift man zum Abschaben der trockenen Blutspur, da dabei erfahrungsgemäß ein Teil derselben verloren geht, und auch dann nur, wenn die Größe dieses gestattet, die Mitte derselben entfernen, die Umrisse (Ränder) dagegen stehen lassen. Das Abgeschabte ist in weißem Aktenpapier aufzufangen, einzufalten, mit Aufschrift (des Auffindungsortes) zu versehen und in einem Glasgefäß oder in einer Schachtel zu verwahren.

Ebenso sorgfältig sind auch andere mit der Blutspur angetrocknete Dinge, wie Insektenteile, Federn, Haare, Gewebe- und Stoffteilchen, Gras u. dgl. zu entnehmen und zu verwahren, da sie dem Untersuchenden wichtige Fingerzeige geben können.

Besonders zu beachten sind frisch gereinigte Gegenstände, wie Messer, Hand- und Taschentücher, Beile, Kleidungs- und Wäschestücke, die gleichwohl für die Untersuchung von großem Werte sind.

Es ist immer wichtig, Lage, Größe, Gestalt der Blutspuren festzuhalten, da sie, besonders wenn sie klein sind, durch Entnahme des Materials für die Untersuchung verlorengehen und später (in der Hauptverhandlung) nicht mehr leicht rekonstruiert werden können. Ist die Blutspur größer, so sollte nur ein Teil derselben zur Untersuchung verwendet werden, aus dem Rest.

[1]) D. h. je nach Zweckmäßigkeit oder Notwendigkeit. Dielenritzenschmutz ist herauszukratzen und im ganzen mitzunehmen, z. B. in einer Schachtel, Glasgefäß, Briefumschlag mit entsprechender Aufschrift.

etwa der Hälfte, ist dann der ganze Flecken leicht wieder herzustellen. Bei kleineren Spuren, wo alles Mater al verbraucht werden muß, empfiehlt es sich, den Gegenstand mit der Spur vorher zu photographieren oder abzuzeichnen und die Lage der Blutspuren auf der Photographie oder Zeichnung zu markieren[1]) (Maßstab oder Millimeterpapier mitphotographieren!).

Wenn durch Photographie kein deutliches Bild zu erzielen ist, z. B. bei Blutspuren auf dunkler Tapete, dunklen Kleidern, kann man die Blutspuren durchpausen: Man legt das Kleidungsstück auf einen großen Aktenbogen und sticht mit einer Nadel die Umrisse der Blutspuren ab, Die Stiche im Papier werden dann mit Tinte nachgezogen, die Spuren numeriert und zu jeder Spur ein Erläuterungsvermerk gesetzt. Bei nicht beweglichen Gegenständen wendet man durchsichtiges Pauspapier an und zeichnet die Spuren durch[2]).

Man vergesse nicht, die Unterseite von Schubladen, in denen der Täter Geld usw. gesucht haben mag, nach verschmiertem Blut abzusuchen, ebenso die Unterseite der vorstehenden Tischplatte, umherliegende Tücher, Waschgefäße usw. Im Ofen, Abort Papierkörben und Müllgefäßen ist nachzusehen, ob nicht blutiges Papier oder Zeug hineingeworfen wurde.

Beim Suchen von Blutspuren auf braunem Holz, dunkel gestrichenen oder tapezierten Wänden bediene

[1]) Bei wichtigeren Blutspuren am Tatorte empfehlen sich stets photographische Einzelaufnahmen.

[2]) Hans Groß gibt in seinem Handbuch für Untersuchungsrichter im XIV. Abschnitt noch ausführlichere Anweisungen über das Aufsuchen, Beschreiben und Aufzeichnen sowie Abnehmen und Aufbewahren der Blutspuren.

man sich eines Kerzenlichtes oder einer elektrischen Taschenlampe (auch am hellen Tage); beim Hin- und Herleuchten kann der firnisartige Glanz trockener Blutspuren leichter und sicherer beobachtet werden. Es ist nicht zu vergessen, daß Blut an den Wänden keineswegs immer die bekannte braunrote Farbe haben muß, sondern auch schwarz, rosa, grün, blau, ja, selbst grauweiß aussehen kann. Die verschiedenen Farben der Wandmalereien oder Tapeten werden im Blutspritzer gelöst und wirken verändernd auf ihn. Blut auf Goldbronze der Tapeten[1]) wird z. B. durch das sofort erzeugte Kupferoxyd sehr bald deutlich grün; Blutstropfen auf gewisssen Stoffen werden grau, wenn sie der Sonne ausgesetzt werden.

Blutspuren auf eisen- und stahlhaltigen Gegenständen, wie Messerklingen, Beile, Scheren u. dgl., fördert stark die Rostbildung, so daß Wert darauf gelegt wird, daß solche Gegenstände möglichst schnell der Untersuchungsstelle vorgelegt werden. Frischer Rost sieht Blutflecken täuschend ähnlich, so daß nur eine mikrochemische und -spektroskopische Untersuchung zuverlässige Ergebnisse erwarten läßt.

Von großer Wichtigkeit sind Blutspuren auf dem Körper des Verdächtigen, namentlich an der Haar- und Bartgrenze, in den Nagelbetten der Finger und unter den Fingernägeln[2]), an den Unterarmen. Von der Haut werden sie vorsichtig mit einem Messer abgehoben, indem man zur Vorsorge ein Stück Papier darunter hält.

---

[1]) Vorsicht bei Wanzenblut an den Tapeten!

[2]) Die Untersuchung des Fingernagelschmutzes ist nach neueren Untersuchungen von gerichtsmedizinischer Seite nur selten von irgendwelchem Erfolg begleitet; seine Analyse läßt eine zu vielseitige Deutung zu, als daß daraus entscheidende Schlüsse zu ziehen wären.

Beim Absuchen von Gesicht, Kopf und Händen sowie Kleidungsstücken bediene man sich einer scharfen Lupe.

Auch versäume man nicht, alle Taschen genau nach Blut zu untersuchen und, wenn Waschversuche gemacht worden sind, auch die Säume aufzutrennen, da sich hier noch Blutrestchen erhalten haben können, die beim Waschen sich dahin verbreitet haben.

Bei Mauern und Wänden ist auf abgekratzte oder frischgetünchte, bemalte Stellen zu achten, da hier kleine Nebenspritzer zu beseitigen vergessen zu werden pflegen.

Bei auffällig sorgfältig gereinigten Fußböden ist die Feststellung durch den Chemiker wichtig, ob hierzu die im Volke beliebten Tilgungsmittel, wie Soda, Schwefel- und Salzsäure, verwendet worden sind. Hierbei ist besonders auf den Ritzenschmutz in den Fußböden zu achten, wie oben bereits erwähnt wurde.

Blutuntersuchungsproben an Ort und Stelle vorzunehmen, empfiehlt auch Hans Groß nicht; jede Versuchsanstellung mit Blutspuren, z. B. Betupfen mit dem feuchten Finger oder der Gebrauch chemischer Reagenzien durch Nichtsachverständige soll streng vermieden werden. Der äußerst sparsame Verbrauch der am Tatort aufgefundenen Blutspuren ist durch eine manchmal zweifache sachverständige Blutuntersuchung bedingt: einmal soll festgestellt werden, ob es sich um Menschenblut handelt, was durch die Uhlenhutsche Präziptinreaktion geschieht, sodann soll die Blutgruppe bestimmt werden.

Anmerkung. Die einzige Reaktion, die er unter gewissen Umständen am Tatorte für erlaubt hält, ist jene mit Gujakharztinktur: Man schneidet den betreffenden Flecken heraus, legt ihn in ein kleines reines Gefäß, z. B. Uhrglas, befeuchtet ihn mit destilliertem Wasser und wartet eine Zeitlang, legt dann ein etwa gleich großes, dünnes, farbloses Filtrierpapier darauf und drückt dieses wiederholt mit einem Glasstabe fest an den Stoff an. Nach 5—30 Minuten hebt man das Papier ab und bringt mit einem reinen Glasstab etwas sauerstoffhaltiges Terpentinöl und ebensoviel frisch hergestellte Gujakharztinktur darauf. Tritt keine Blaufärbung ein, so ist es gewiß kein Blut; tritt sie innerhalb einer Minute ein, so ist der Verdacht auf Blut vorhanden[1]).

Solche Blutvorproben sollen nur in äußerst dringenden Fällen vorgenommen werden, wenn z. B. ein wichtiger Entschluß davon abhängt, wie die Verhaftung einer Person[2]), und Sachverständige wegen weiter Entfernung nicht sofort zugezogen werden können. Außerdem müssen mehrere Blutflecken zur Verfügung stehen, so daß durch den Verlust eines von ihnen kein Nachteil entstehen kann. Die Ausführung dieser Blutprobe durch einen Arzt oder Apotheker empfiehlt sich aber stets.

Andere haben am Tatort die Benzidinreaktion angewendet, um nachzuweisen und schnell zu erfahren, ob die Blutspuren von Menschenblut herrühren. Prof. Merkel (München) hat in früheren Arbeiten darauf hingewiesen, daß verschiedene Chemikalien auch ohne Anwesenheit von Menschenblut eine intensive positive Benzidinreaktion (Blaufärbung) ergäben. Im „Arch. f. Krim.", Bd. 112, S. 39, wird über eine Fehldiagnose beim Blutnachweis mittels der Benzidinvorprobe durch die Mordkommission berichtet. Zur Vermeidung solcher Fehldiagnosen gibt Prof. Merkel diese Sicherungsmethode an:

Bei der Benzidinvorprobe sind vier Reagensgläser zu verwenden, die mit den einzelnen Komponenten des Reagens gefüllt sind. Das erste enthält nur die alkoholische Benzidinlösung, das zweite enthält etwas zu der Benzidinlösung hinzugefügten Eisessig, das dritte enthält zu gleichen Teilen alkoholische Benzidinlösung und Wasserstoffperoxyd, erst das vierte Glas enthält das Reagens in der von Adler angegebenen

---

[1]) Vgl. dazu auch Dr. Leers a. a. O. S. 25, wo noch weitere Vorproben mit Reagenzien besprochen sind.

[2]) Auch wenn es sich z. B. darum handelt, schwer transportable Gegenstände, wie Türen und Fenster, mit vermutlichen Blutspuren vom Tatorte mitnehmen zu müssen, deren sonstige Sicherung Schwierigkeiten machen würde.

Zusammensetzung (alkohol. Benzidinlösung + H_2O_2 + Eisessig). Nur bei Betupfen des Blutfleckens mit dem vollständigen Reagens tritt eine deutliche Blaufärbung ein, während die eben erwähnten Stoffe schon mit dem unvollständigen Reagens einen Färbungsumschwung bewirken[1]).

Merkel und Walcher[2]) machten noch auf folgendes aufmerksam: Wenn ein Beschuldigter zum Tatort oder an die Leiche im Sektionsraum geführt wird, ist darauf zu achten, daß er keine Gelegenheit bekommt, sich mit Blut zu beschmutzen, weil sonst eine nachträgliche Untersuchung seiner Kleidung auf Blutspuren kritischen Einwänden begegnen kann. Es empfiehlt sich auch, dem Beschuldigten die vermutlich bei der Tat getragene Kleidung frühzeitig abzunehmen[3]), so daß keine weiteren Reinigungsversuche von ihm oder seinen Angehörigen oder vom Krankenhauspersonal gemacht werden können.

Über einen spezifischen Blutnachweis — Chemilumineszenz des Hämins — berichtet Dr. W. Specht[4]). Eine zufällig im chemischen Universitätsinstitut in Jena gefundene Leuchtreaktion des roten Blutfarbstoffes auf Grund einer Reagenzflüssigkeit, die mit einem Zerstäuber auf blutspritzerverdächtige Gegenstände gespritzt werden kann. Die Leuchtreaktion kann dann photographisch festgehalten werden; die Reaktion kann auch wiederholt werden und beeinträchtigt nicht andere Blutnachweisverfahren. Das Verfahren ist aber in der Praxis noch nicht eingeführt, von einzelnen Versuchen abgesehen.

---

[1]) Näheres hierüber bringt Merkel in d. Festschrift für Zangger 1935, Bd. I, S. 121.

[2]) Vgl. Merkel-Walcher, Gerichtsärztliche Diagnostik und Technik, Leipzig 1936, S. 47.

[3]) Einschließlich Krawatte und Taschentuch.

[4]) In der D. Zeitschr. f. d. ges. gerichtl. Medizin, Bd. 28, S. 225—234.

III. Sicherung von Fußspuren.

Die Fußspuren unterscheiden sich dreifach: in Fuß- und Schuhabdrücke und in „Gangbilder", je nachdem sie vereinzelt auf hartem oder weichem, formungsfähigem Untergrund zu finden sind, oder reihenweise als kürzere oder längere Gehspuren. Danach haben sich auch die Sicherungsarten zu richten. Die Fußspuren auf weichem abformungsfähigem Boden bezeichnen wir als Fußeindrücke; sie können auch dadurch sich unterscheiden, daß sie mit oder ohne Schuhwerk entstehen, mit oder ohne Strümpfe, also nackt. Die Abdrücke können entweder durch eine abdruckfähige Flüssigkeit, wie Blut, Schmutzwasser, Farbstoffe, oder durch trockene Färbemittel entstehen, z. B. infolge der an den Schuhen oder Füßen haftenden Staub-, Mehl- oder Farbstoffteilchen (in trocknem Zustand). Immerhin müssen es kontrastbildende Stoffe sein, die solche Spuren überhaupt erst sichtbar werden lassen. Unsichtbare Fußspuren, die kriminalistisch von Bedeutung sein können, entstehen wie Finger- und Handabdrücke auf geeigneter Unterlage, so auf ölgestrichenem Boden, Parkett- oder mit Linoleum belegtem Fußboden, die für die Falt- und Papillarlinien der Fußsohle und Zehen aufnahmefähig sind. In diesem Falle werden sie wie latente Finger- und Handspuren gesucht und gesichert (siehe Abschnitt IV). Für die Fußabdrücke wenden wir das Messen, Abzeichnen und Photographieren (mit beigelegtem Maßstab) an. Es empfiehlt sich, auch die Fuß- oder Schuheindrücke vor jeder weiteren Behandlung zu photographieren, weil immer mit unvorhergesehenem Mißlingen ihrer technischen Abnahme zu rechnen ist.

Für die Sicherung der Fuß- und Schuheindrücke kommt in erster Linie das längstbewährte Ausgießen der Spuren mit gutem Alabastergips in Betracht. Dieser muß stets trocken in luftdicht verschließbaren Behältnissen aufbewahrt werden, um seine Bindefähigkeit lange zu erhalten. Vor dem Ausgießen müssen aus der Fußspur alle zufällig hineingeratenen Stoffe, wie Blätter, Laubreste, Fichtennadeln, Steinchen, Papierreste u. dgl., mit einer Pinzette vorsichtig herausgenommen werden. Die folgende Anweisung für den gußfähigen Gipsbrei ist genau zu beachten:

Wenn es sich um eine mittelgroße Fußspur handelt, genügen 400—500 g Gips und $^{3}/_{4}$ l Wasser, dem zur schnelleren Erhärtung in der Spur noch 15—20 g reines Kochsalz (Chlornatrium) zugesetzt werden können. Eher etwas zu viel als zu wenig Gipsbrei muß angerührt werden, weil man vermeiden muß, beim oder nach dem Einrühren noch Wasser und Gips hinzuzusetzen, was die Bindefähigkeit beeinträchtigt. Ist der Gipsbrei zu dick oder zu dünn geraten, wiederholt man am besten die Herstellung der Einfüllmasse und schütte den unbrauchbaren Gipsbrei weg. Ferner beachte man, den Gips löffelweise in das Wasser und nicht umgekehrt, das Wasser in den Gips zu schütten, weil dadurch leicht störende Klümpchen entstehen. Beide Teile müssen schnell und gründlich verrührt werden, am besten mit einem Quirl, so daß alle Knötchen und Luftbläschen ausgeschieden werden. Ist der sahneähnliche Gipsbrei ausgießfertig, wird er mit dem Löffel langsam und vorsichtig in die Spur gegossen, beim Absatzteil beginnend; die Gelenkstelle ist besonders sorgfältig zu bedecken, um Bruchgefahr zu verhindern.

In leichter lockerer Erde muß erst mit einer dünnen Schicht begonnen werden, nach wenigen Minuten folgt dann die zweite und pausenweise jede weitere dünne Schicht. Zur Versteifung werden jeweils einige passende Holzstäbchen oder Ästchen oder dicke Kordel oder auch Draht längs und quer eingelegt; trockene Stäbchen und Kordel müssen vorher in Wasser gelegt werden, damit sie nicht die Feuchtigkeit aus dem Gipsbrei aufsaugen, was schädlich wäre. Es genügt, wenn im Gelenkteil etwa 2—3 cm, sonst 3—4 cm Gipsmasse aufgetragen wird, die nach etwa 30 Minuten so hart sein wird, daß man sie aus dem Erdreich ausstechen kann. Die Säuberung von Erdresten nimmt man am besten nach 24 Stunden vor, wann der Gips ganz hart geworden ist. Es ist nicht notwendig, vorher einen Rahmen von Pappe oder Blech um die Fußspur zu legen, was übrigens noch mehr Gipsbrei erfordert. Will man die ausgegossene Fußspur noch besonders härten, dann kann man sie später 15—30 Minuten lang in eine 2%ige Alaunlösung legen.

Schließlich darf nicht versäumt werden, jede am Tatort aufgenommene Fußspur mit einer gut erkennbaren Nummer zu versehen, die in einem Aktenvermerk auf die örtliche Fundstelle genau hinweist und jede spätere Verwechslung unmöglich macht. Aufkleben und Anbinden von Zetteln sind aber dabei nicht zu empfehlen.

Es ist zwar selbstverständlich, muß aber doch ausdrücklich betont werden, daß es streng zu vermeiden ist, den Fuß oder Schuh des Verdächtigten vor dem Ausgießen in die Spur einpassen zu wollen, um so eine Identität oder Nichtidentität festzustellen. So ist eine Identität niemals festzustellen, was übrigens Sache besonders geschulter und in diesen Dingen erfahrener

Sachverständigen ist. Die Vergleichung der Spuren erfolgt durch den Sachverständigen auch nicht nach dem Originalfuß, sondern es müssen Vergleichungsabdrücke hergestellt werden, oder die Vergleichung erfolgt an Hand von guten Lichtbildern und Zeichnungen, in denen vor allem die besonderen Merkmale[1]) erkennbar sind. Die Vergleichungsspuren, die der Verdächtigte, wenn es sich um Fuß-, nicht um Schuhabdrücke handelt, sollen möglichst zahlreich hergestellt werden und zwar in der Weise, daß der Verdächtigte über festgemachte große Papierbogen geht, nachdem seine Fußsohlen zuvor mit Druckerschwärze hauchdünn, wie bei der Daktyloskopie üblich, eingeschwärzt worden sind. Handelt es sich um blutige Fußabdrücke, dann kann der Fuß des Verdächtigten mit Tierblut bestrichen werden, ehe er die Abdrücke auf die am Fußboden festgemachten Papierbogen drückt. In schwierigeren Fällen, wenn es sich also z. B. darum handelt, die Vorbedingungen richtig zu beachten und den Abdruck in verschiedenen Stellungen und Haltungen, mit oder ohne Belastung aufzunehmen, dann wird man am besten die Aufnahme dem Sachverständigen selbst überlassen oder nach seiner (schriftlichen) Anweisung die Aufnahmen bewerkstelligen. Soweit es sich um Schuhabdrücke handelt, können sie zur weiteren Bearbeitung durch kriminaltechnisch ausgebildete Sachverständige eingesandt werden. Die Gipsabdrücke können natürlich selbst zur Vergleichung verwendet werden.

Spuren im Schnee sind schwierig aufzunehmen; es wird dabei folgendes Verfahren angewendet:

Dem Gipsbrei wird eine starke Alaunlösung zugesetzt und der Brei so schnell wie möglich in die Schneespur

[1]) Wie Schuhnägel, Hufeisen, Riester, Gummiabsätze usw.

gegossen. Andere empfehlen das Ausfüllen der Spur mit Gipspulver, nachdem vorher Talkum eingeblasen wurde, dann mit dem Zerstäuber Wasserglas oder Schellacklösung, um die Spur zu härten. Die so gedachte Abdruckspur wird aber mehrere Stunden dauern, bis sie, vielleicht noch mit recht zweifelhaftem Erfolg, ausgehoben werden kann[1]). Um allen diesen Schwierigkeiten zu entgehen, die bei Fußspuren in lockerem Untergrund, oder staub- und mehlartigen Schichten sich nur noch häufen, wird die photographische Aufnahme solcher Spuren am besten sein, wobei niemals ein dazu gelegter Maßstab vergessen werden darf.

Da der Tatortkriminalist niemals voraussehen kann, ob die von ihm aufgenommene Fußspur auch wirklich brauchbar sein wird, soll doch der in der Spurenkunde aufgestellte Grundsatz beachtet werden, lieber zuviel Spuren, als zu wenig zu sichern. Ist sie schließlich nicht verwertbar, so hat allein schon die wiederholte Übung des Spurenausgießens einen kleinen Nutzen für ihn; denn ohne Übung kein Gewinn.

Die Gehspur oder das Gangbild läßt sich nur durch genaue Beobachtung und Beschreibung kriminalistisch auswerten, seine kriminaltechnische Aufnahme in seiner ganzen Ausdehnung kommt regelmäßig nicht in Frage, wenn nicht als charakteristische Einzelspur, die stellenweise aufnahmefähig und -notwendig ist[2]).

[1]) Schnee verhält sich je nach seinem Zustand, nach dem Grad der Kälte, nach Liegedauer und Feuchtigkeitsgrad sehr verschieden. Auch im besten Zustand ist mit Störungen zu rechnen, da Gips sich in der Bindezeit erwärmt und den Schnee zum Schmelzen bringt. Vgl. dazu noch Arch. f. Krim., Bd. 78, S. 265.

[2]) Hans Groß führt in seinem Handbuch f. Untersuchungsrichter, München 1922, S. 656ff., Näheres darüber aus.

IV. Sicherung von Finger- und Handspuren.

1. Die Fingerabdrucknahme.

a) Bei lebenden Personen.

Zur Herstellung der Fingerabdrücke sind die Finger, die sauber gewaschen und gut trocken sein müssen, einzeln nacheinander durch Aufdrücken auf eine polierte Zink- (oder Glas-) Platte, die zuvor mit wenig Druckerschwärze ganz dünn[1]) mit einer Gummirolle aufzutragen ist, zu schwärzen und auf die vorgeschriebenen einzelnen Felder des Fingerabdruckblattes abzudrücken. Hierzu bedarf es nicht eines stärkeren Druckes auf den Finger, sondern dieser wird, wie die umstehenden Abbildungen zeigen, von einer Nagelkante zur anderen gerollt. (Abb. I zeigt das Ansetzen, Abb. II das Absetzen des gerollten Fingers vom Papierbogen.) Ein Zurückbewegen des Fingers, etwa in der Absicht, den Abdruck sichtbarer zu machen, ist unter allen Umständen zu vermeiden[2]). Hierauf erfolgt in die vorgeschriebenen (untersten) Felder je ein gleichzeitiger Abdruck des Zeige-, Mittel-, Ring- und Kleinfingers der linken, dann der rechten Hand. Was bei der Fingerabdrucknahme noch weiter zu beachten ist, ergibt sich aus dem Vordruck des Fingerabdruckbogens selbst oder wird bei der daktyloskopischen Ausbildung erklärt. Beim Fehlen oder bei Verkrüppelung eines Fingers ist ein entsprechender Vermerk einzutragen.

---

[1]) Zuviel Druckerschwärze verursacht verschmierte, feuchte oder schweißige Finger unklare Abdrücke.

[2]) Ein nötigenfalls wiederholter Abdruck ist einige Zentimeter darüber zu setzen.

Falls zum Zwecke von Vergleichungen der Abdruck einer ganzen Hand verlangt wird, bediene man sich einer gewölbten Unterlage mit weichem Tuchüberzug; es geht aber auch auf ebenen Unterlagen ganz gut.

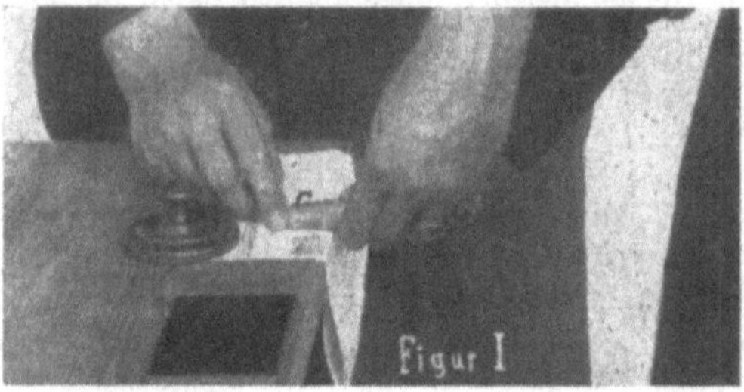

Figur I

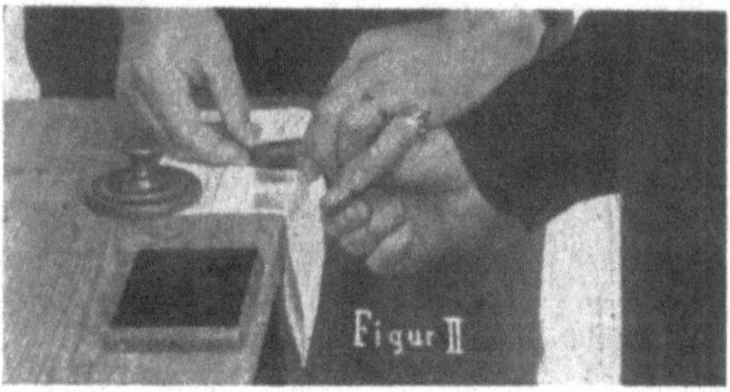

Figur II

Die Aufnahme nackter Fußsohlen und Zehen geschieht ebenso wie von Hand- und Fingerspuren. Nach Benutzung der Platte ist diese, sowie die Gummiwalze mit Benzin (Benzol) oder Petroleum zu reinigen, um ein störend wirkendes Eintrocknen der Druckerschwärze zu vermeiden.

b) Bei Leichen.

Die abzudrückenden Finger müssen sauber sein. Ihre vorherige Reinigung geschieht am besten dadurch, daß sie mit einem in Petroleum, Benzin oder Benzol getränkten Läppchen (auch Watte) abgewaschen werden. Dann schwärzt man die Finger ein, indem man die vorher mit Druckerschwärze eingeschwärzte Platte, in die linke Hand nimmt und mit der rechten Hand die einzelnen Finger der Leiche abdrückt.

Um die einzelnen Finger gut abzudrücken, nimmt man ein breites Lineal oder ein glatt (löffelartig) ausgehöhltes Stückchen Holz[1]) und legt die vorher zurechtgeschnittenen und mit den entsprechenden Fingerbezeichnungen versehenen Papierblättchen einzeln über die Höhlung, drückt es mit dem Holz an den aufzunehmenden Finger und klebt den Abdruck in das betreffende Feld des Fingerabdruckblattes[2]). Sollten die Finger der Leiche zu stark gekrümmt sein, so sind sie vor der Aufnahme geradezurichten[3]).

Um Irrtümer zu vermeiden, ist besonders darauf zu achten, daß die genommenen Abdrücke richtig in die betreffenden Felder des Fingerabdruckblattes eingeklebt werden.

[1]) Vgl. auch das in der „Polizei" 1912/13 (S. 363) beschriebene und abgebildete Hilfswerkzeug.

[2]) Ein geübter Daktyloskope vermeidet dieses Verfahren und gibt dem zuerst erwähnten, das die Zerschneidung des Fingerabdruckblattes vermeidet, den Vorzug.

[3]) Wenn nötig, nach Durchschneiden der Sehnen. Es empfiehlt sich, die Waschhaut bei Wasserleichen durch geeignete Einspritzungen glatt und prall zu formen, um sie zum Fingerabdrucknehmen brauchbar zu machen. Über „Leichendaktyloskopie" vgl. auch Archiv f. Krim., Bd. 21, S. 48ff.

Nach dem Gebrauch müssen Walze und Platte mit Petroleum, Benzin oder Benzol gereinigt werden.

c) Am Tatort und von Beweisgegenständen entnommen[1]).

Zum Aufsuchen ungefärbter (latenter) Fingerabdrücke am Tatorte bedient man sich einer elektrischen Taschenlampe, deren Licht man auf die Flächen schräg auffallen läßt[2]). Sichtbare Fingerabdrücke sind bis zum Eintreffen der Daktyloskopen vor Beschädigung in geeigneter Weise zu schützen.

Um die entdeckten Fingerabdruckspuren am Tatorte festzuhalten, müssen sie mittelst eines mit Schwarzpulver versehenen Wattebausches eingestäubt werden; der überflüssige Pulverstoff ist mit einem weichen, nicht zu schmalen (Haar-) Pinsel oder reinem Wattebausch zu entfernen. So entsteht eine Art Matrize der Fingerspur[3]).

Hierauf schneidet man von einem Abziehblatt[4]) ein

[1]) Nach einem Runderlaß vom 26. 4. 1928 (MBliV. S. 470) muß in den Pressemitteilungen die den Fingerspuren gewidmete polizeiliche Tätigkeit stets unerwähnt bleiben.

[2]) Bei schwer zugänglichen Stellen kann man sich eines Taschenspiegels bedienen.

[3]) Man kann auch zum Einstauben einen in das Pulver getauchten Haarpinsel verwenden und mit einem zweiten (reinen) Haarpinsel das überflüssige Pulver entfernen. Wer im Gebrauch dieses Einstaubverfahrens nicht sehr geübt und vorsichtig ist, kann infolge unmittelbarer Berührung des Abdruckes mit dem Einstaubwerkzeug leicht dessen Feinheiten verwischen. Jedenfalls darf das Pulver nicht zu stark aufgetragen werden.

[4]) Die Firma „Wira", Berlin SW 61, liefert diese Abziehblätter sowie ganze Ausrüstungen für das Fingerabdruckverfahren. Vgl. H. Schneikkert, Der Beweis durch Fingerabdrücke, 2. Aufl., Jena 1943, S. 98ff. und Heindl, System und Praxis der Daktyloskopie, Berlin 1922, S. 294ff.

Stück angemessener Größe heraus, legt es von der Seite ausgehend auf die Spur und drückt das gut biegsame und durchsichtige Blättchen leicht an, damit keine Luftblasen entstehen. Dann zieht man das Blättchen vorsichtig ab und klebt es — mit der Schichtseite nach unten — auf ein weißes Kartonstückchen, wo es bei sanftem Druck ohne Anwendung von Klebemitteln gut haften bleibt. Hierbei ist infolge der Durchsichtigkeit der Abziehblätter erreicht, daß der Abdruck der Papillarlinien genau, d. h. seitenrichtig wiedergegeben wird, so daß das Photographieren derselben zur Vergleichung der Abdrücke unnötig ist.

Fingerabdrücke auf halbglatten Gegenständen, z. B. auf Holz und Wänden mit Ölanstrich, werden zweckmäßig auch durch Joddämpfe entwickelt[1]) und photographiert, falls der Untergrund nicht zu dunkel ist[2]).

Wo es möglich ist, Fingerabdrücke durch (kalte) Joddämpfe (Jodkristalle in zugedeckter Entwickler-Glasschale) sichtbar zu machen und photographisch zu fixieren, insbesondere auf Papier, Briefen, Karten, ist diesem Verfahren der Vorzug zu geben, weil die durch Teilchen des Einstaubpulvers verursachten Verdeckungen, z. B. der Porenabdrücke, vermieden werden[3]).

---

[1]) Der Jodverdampfungsapparat von Prof. Heiduschka ist in der „Deutschen Strafrechtszeitung" 1915, S. 330, beschrieben und abgebildet. Auf farbigem Papier erzielt man mit diesem Verfahren keine günstigen Erfolge.

[2]) Am Tatort aufgefundene Fingerabdrücke in Kitt, Farben, Seife, Siegellack (bei Briefverschlüssen), Wachs, Gips, Blut usw. sind mitzunehmen und durch geeignete photographische Behandlung im Polizeilabor zu fixieren.

[3]) Über das Fixieren jodierter Fingerabdrücke vgl. Arch. f. Krim., Bd. 110 (1942), S. 105 u. 149.

Fingerspuren auf Fensterscheiben und Glasstücken werden durch direkte photographische Aufnahmen bei schräger Beleuchtung am besten. Man bevorzugt im allgemeinen bei dunklem Untergrund ein helles Einstaubpulver, z. B. Argentorat (Aluminiumpulver), bei hellem Untergrund schwarzes Einstaubpulver. Zuvor prüfe man mit der Lupe die Beschaffenheit des Fingerabdrucks und vergewissere sich, welche Sicherungsart im gegebenen Falle die beste oder geeignetere ist. Abdrücke auf unebenen Flächen, z. B. Flaschen, Gläsern, Tassen, Lampenzylinder u. dgl. können nur durch das Abziehverfahren am besten gesichert werden; ebenso auf Flächen mit bedrucktem Untergrund, z. B. Zigarettenschachtel.

Zur Sichtbarmachung der Porenabdrücke (sog. Poroskopie), die eine sehr wesentliche Unterstützung und Ergänzung der daktyloskopischen Identifizierungen bilden können, namentlich bei wenig umfangreichen Teilabdrücken eines Fingers, sind Einstaubpulver wenig geeignet, dagegen Joddämpfe und direktes Photographieren zu empfehlen; auch rotes Bleioxyd (Mennige oder Zinnober), wenn in feinster Verdünnung und sehr trocken angewandt, ist vorgeschlagen worden. Die Poroskopie erfordert 5--10fache Vergrößerungen der Spuren. Form, Ausdehnung, Lage und Zahl der Poren sind unveränderlich und individuell durchaus verschieden.

Besteht der Verdacht, daß am Tatort aufgefundene Finger- und Handabdrücke von einer als Täter nicht in Frage kommenden (anwesenden) Person[1]) herrühren, können deren Abdrücke gleich am Tatort aufgenommen

[1]) Z. B. Büro- oder Haushaltsangehörige.

und verglichen werden, um so belanglose oder irreführende Spuren rechtzeitig aus dem Ermittelungsverfahren auszuscheiden[1]).

2. Die Beurteilung der Fingerabdrücke nach Seiten- und Linienrichtigkeit.

Wenn ein gesicherter Fingerabdruck seiten- und linienrichtig sein soll, muß er nach der Abnahme so erscheinen, als wenn er bei der gewöhnlichen Fingerabdrucknahme auf ein F.-A.-Blatt gesetzt worden wäre, d. h. also, die Papillarlinien müssen schwarz sein und die zwischen den Papillarlinien liegenden Rillen oder Furchen (Vertiefungen der Fingerhaut) weiß (oder wenigstens hell), um ein möglichst kontrastreiches Fingerabdruckbild zu erreichen. Ferner muß das Papillarlinienmuster genau dieselbe Richtungslage wie bei einem normalen Fingerabdruck zeigen, z. B. bei einem Schleifenmuster muß der richtige Verlauf der Schleifen (nach rechts oder nach links, wie im Originalabdruck) und die richtige Lage des Deltas zu erkennen sein. Wird ein so gesicherter Fingerabdruck (Abziehfolie auf weißem Karton) photographiert, dann wird er auf der Platte negativ erscheinen, also Papillarlinien weiß, Rillen schwarz. Wird davon eine Positivkopie hergestellt, dann wird der Fingerabdruck wieder so erscheinen, wie er am Tatort aufgefunden worden ist, also seiten- und linienrichtig. Das sind die normalen Fälle. Nun gibt es aber auch einige Ausnahmen, die leicht zu Irrtümern Anlaß geben und die

[1]) Zur Abnahme solcher Probeabdrücke am Tatort empfiehlt sich auch die Anwendung präparierter Einschwärzblätter, die von Gestetner zuerst in den Handel gebracht wurden und gute Abdrücke erzeugen.

Vergleichung und Identifizierung von Tatortfingerabdrücken erheblich erschweren können. Diese Ausnahmen werden jetzt kurz hier angegeben:

1. Ausnahme: Spuren im Staub. Hier läßt sich das Einstaubverfahren nicht anwenden. Die Finger, die einen Gegenstand mit Staubschicht berühren, nehmen durch die adhäsiv wirkenden Papillarlinien den Staub weg, so daß (bei dunklem Untergrunde) die Papillarlinien schwarz (dunkel) und die Rillen hell erscheinen; infolgedessen wird man beim Abziehen mit Folie oder beim direkten Photographieren ein Negativbild erhalten, das durch Dazwischenschalten einer Diapositivplatte (Kontaktabdruck) wieder in ein positives, d. h. linienrichtiges Bild verkehrt wird.

2. Ausnahme: Weiche, halbflüssige Stoffe (Farbe, Blut, Fett u. dgl.) werden beim Eindrücken eines Fingers die Rillen ausfüllen. Ein so „gefüllter" Finger wird beim Anfassen eines (glatten) Gegenstandes von diesem Rillenvorrat etwas abgeben, nicht aber von den eigentlichen Papillarlinien, den Erhöhungen der Fingerhaut. Daher wird bei der Spurenaufnahme, bei der das Einstaubverfahren grundsätzlich zu vermeiden ist[1]), ebenfalls ein negatives Bild des Fingerabdruckes entstehen, das durch Dazwischenschalten einer Diapositivplatte in ein positives Bild verkehrt wird.

3. Ausnahme: Ganz ähnlich verhält es sich, wenn die Finger halbweiche Stoffe anfassen, wie Wachs, Gips, Farbstein, Kitt, Siegellack, Klebstoffe. Hier graben sich die Papillarlinien in den halbweichen Stoff ein, während die Rillen zurücktreten und bei einem solchen Finger-

[1]) Am besten photographische Aufnahme, dann kann man die Abziehfolie auch ohne Einstäuben anwenden.

eindruck die hervorstehenden Erhöhungen bilden werden. Demnach haben wir ein negatives Bild vor uns, das wieder durch Dazwischenschalten einer Diapositivplatte in ein seitenrichtiges Bild verkehrt wird.

4. Ausnahme: Es kann vorkommen, daß je nach dem wirkenden Druck eines Fingers (z. B. beim Halten einer Kerze) der obere Teil negativ, der untere Teil positiv sich abdrückt, weil sich infolge ungleichmäßigen Druckes und der Wärmeeinwirkung des Fingers im oberen Teile die Papillarlinien (ins Wachs) eingraben, im unteren Teile aber nur den Gegenstand mit schwachem Druck berühren, infolgedessen sich nicht eindrücken, sondern nur abdrücken wie bei jedem anderen harten Gegenstande.

5. Ausnahme: Sie entsteht bei unrichtiger photographischer Aufnahme. Wird der auf einer durchsichtigen Folie sitzende Fingerabdruck so aufgenommen, daß die Folienschichtseite dem Objektiv zugewendet ist, oder wird ein Tatortabdruck mit verkehrt eingelegter Trockenplatte (Glasseite dem Objektiv zugekehrt) aufgenommen, dann erhält man zwar ein positives, aber ein seitenverkehrtes Bild, und zwar ein Spiegelbild, das selbstverständlich mit einem positiven Originalabdruck nicht verglichen und identifiziert werden kann; wenigstens soll dies zur Vermeidung von Irrtümern grundsätzlich vermieden werden.

Zur Vermeidung solcher Mängel ist besondere Vorsicht geboten, um dem daktyloskopischen Sachverständigen die Arbeit nicht unnötig zu erschweren und Irrtümer zu verhindern. Ich gebe daher folgende Ratschläge:

a) An die zur Erstattung von daktyloskopischen Gutachten zuständigen Stellen sind grundsätzlich die Originaltatortspuren (z. B. zerbrochene Glasscheiben, Gläser, Teller, Flaschen, Holzteile usw.) oder wenigstens die mit Abziehfolien (von geschulten Beamten) gesicherten Abdrücke einzusenden, grundsätzlich keine photographische Abbildungen; es sei denn, daß solche (wegen der Beschaffenheit des nicht transportablen Gegenstandes) unvermeidlich sind. In diesem Falle ist aber eine nähere Beschreibung der Tatortspur und ihres Sicherungsvorganges mitzusenden.

b) Beim Photographieren jeder Fingerspur am Tatorte mache man sich neben die photographisch aufzunehmende Spur ein bestimmtes Kontrollzeichen, das dann als geeignete Richtlinie für die Beurteilung der Seiten- und Linienrichtigkeit des Bildes dienen kann. Als solches Kontrollzeichen diene z. B. die neben den Tatortabdruck gesetzte Ziffer 3 oder noch besser ein grauer Papierstreifen, in 4 cm mit Zahlen eingeteilt, um zugleich das Größenverhältnis jederzeit kontrollieren zu können.

c) Ein einigermaßen geübtes Auge kann bei Vorlage eines photographierten, normal entstandenen Fingerabdruckes nicht im Zweifel sein, ob die Papillarlinien positiv oder negativ im Bilde erscheinen; die Breite der Papillarlinien ist zwar nicht immer für die Beurteilung dieser Frage maßgebend, aber das Vorhandensein von Poren und Narben kann dabei sehr dienlich sein. Wenn der daktyloskopische Sachverständige weiß, daß ein Fingerabdruck in Staub oder in Wachs oder in Siegellack u. dgl. in Frage kommt, dann kann er in der Beurteilung der Linienrichtigkeit sich nicht leicht irren; doch kann er, ohne die Originalspur zu sehen, nicht beurteilen, ob der Photograph z. B. die Trockenplatte (versehentlich) verkehrt in die Kassette eingesetzt und dadurch ein seitenverkehrtes Bild erzielt hat, oder ob er den auf einer durchsichtigen Folie sitzenden Abdruck verkehrt aufgenommen hat, also Schichtseite mit Abdruck dem Objektiv zugewendet.

d) Ob die Papillarlinien weiß oder schwarz sind, ist für die Vergleichung und Identifizierung von Fingerabdrücken belanglos; es empfiehlt sich aber, daß sich der Daktyloskope daran gewöhne, nur die eine von beiden Arten, z. B. nur schwarze Papillarlinien mit schwarzen und nicht weiße Folienabdrücke mit schwarzen Originalfingerabdrücken zu vergleichen, um auch so jeden Irrtum von vornherein zu vermeiden und seine Arbeit nicht zu erschweren.

e) Über „gefälschte" Tatortfingerabdrücke kann sich der Daktyloskope durch die Ausführungen in meinem Werk „Der Beweis durch Fingerabdrücke", S. 126—160, unterrichten.

V. Sicherung von Spuren bei Brandstiftungen[1].

Wichtig ist die Entnahme von Proben in allen Fällen, wo auf den Brandstellen fremde oder verdächtige Objekte und Materialien, wie z. B. Brandmittel, Brandflüssigkeiten, gefunden wurden, wo Selbstentzündungen[2])

---

[1]) Aus: v. Schwartz, Brandursachen, München 1909.

[2]) Selbstentzündungen sind da zu vermuten, wo sich fein verteilte, selbst oxydierbare Stoffe befinden und Wärmeabschluß möglich ist, vor allem in Haufen von Heu, Klee, Getreide, Futterabfällen, in Tabak- und Baumwollballen, Kopra, Zinkstaub, Kohlen usw. Besonders gefährlich sind ölgetränkte Lappen und Gewebe aller Art. Nach G. Laupper und J. Müller (Zürich) sprechen bei solchen Haufen folgende Merkmale für Brandstiftung:

vermutet werden, wo Verdacht auf Brandstiftung besteht, wo Unverträglichkeit zweier oder mehrerer Stoffe, die nahe aneinander lagern, als Brandursache angenommen wird.

Auch in den Fällen, wo brandgefährliche Stoffe sich durch einen charakteristischen Geruch an Ort und Stelle verraten, ist die einfache Geruchprobe[1]) nicht maßgebend; es genügt nicht, festzustellen, daß eine am Brandherde gefundene Flüssigkeit, daß Flecken auf dem Fußboden, an der Wand, daß eine leere Flasche nach Petroleum, Benzin, Terpentin usw. riecht. Um die Brandursache sicher zu ermitteln, ist die Natur des verdächtigen Stoffes chemisch, auch mikroskopisch festzustellen. Deshalb müssen Proben des verdächtigen Stoffes oder von Objekten, die damit befeuchtet oder getränkt sind, für die Untersuchung durch den Chemiker entnommen und verwahrt werden.

Zur Aufbewahrung und Versendung von Proben verwendet man bei pulverigen, steinigen, faserigen, staubartigen Stoffen und Geweben nur weithalsige, reine, trockene Glasgefäße, am besten sogen. Einmachgläser, die 250—500 Gramm der Stoffe aufnehmen und die sich gut (luftdicht) verschließen lassen. (Gummiverschluß.)

Der Brand ist zu Anfang deutlich lokalisiert, beginnt geräuschlos mit starker Rauchentwicklung. Der Heustock bleibt in der Form unverändert und fest gepackt. Außen meistens eine Schicht Asche oder Brandfurchen, die aber anders sind als die bei Selbstentzündung entstehenden, weil sie nicht von innen, sondern von außen her eingeblasen sind. Darunter findet sich gesundes Heu, das bis in die Tiefe hinein hell und normal bleibt. Kein angebranntes Heu, keine Heuverkohlung und keine Br ndkanäle, wie sie für die Selbstentzündung typisch sind.

[1]) Während des Brandes können Brennflüssigkeiten durch den Geruch meistens nicht wahrgenommen werden.

Sperrige, lange oder breite Untersuchungsgegenstände, wie Bretter, Latten, Balken, Fensterkreuze, Türfüllungen, Möbelteile, Mauer- und Wandbewürfe, Ziegeln, Bodenplatten, sind derart zu verwahren, daß man zwei Teile so übereinanderlegt, daß die mit den verdächtigen Stoffen (Brandmitteln) versehenen Seiten durch Latten geschützt bleiben: beide Teile werden durch Bindfaden zusammengebunden und mit Papier oder irgendeinem reinen Material (Stroh oder Sackstoff) umwickelt.

Sobald es sich um verschiedenartige Proben handelt, also um Heu, Stroh, Kleie, Früchte, Gewebe, Lappen, Flüssigkeiten, Kerzen, Schnüre, Fasern, Kohle, verkohlte Stoffe, Asche, nasse, feuchte, trockene Stoffe, sind alle Proben streng getrennt zu verwahren und zur Versendung zu verpacken; besonders bei vermuteter Selbstentzündung der Stoffe wichtig.

Alle Behälter und verpackten Objekte sind mit festklebenden Zettelaufschriften zu versehen, die über Art der Probe und Auffindungsort Aufschluß geben.

Die Probenentnahme hat sich, besonders bei Annahme einer Selbstentzündung von landwirtschaftlichen Erzeugnissen, nicht nur auf die Massen der Oberfläche, sondern auch auf die inneren und unteren Schichten der Masse zu erstrecken. Man entnehme unverbrannte, schwach verkohlte (gebräunte) und stark verkohlte Proben der Massen. Sollten sich innere Massen mit weißen, ascheähnlichen Beimengungen vorfinden, so sind Proben davon ebenfalls, aber nur für sich getrennt, zu entnehmen, da sie zur Feststellung dienen, ob diese weißlichen Beimengungen Asche oder Pilze sind.

Bei vermuteter Selbstentzündung von Faserstoffen

in gefettetem Zustand hat die Probeentnahme von folgenden Stoffen zu erfolgen:

noch nicht verbrannte, fettige, ölige, gefirnißte Stoffe;
nicht gefettete, gefirnißte Stoffe;
verwendete Fette, Öle, Firnisse, Lacke, soweit solche erhältlich sind.

Weitere Vorschläge von Sachverständigen:

Mit Rhodokrit-Pulver, das auf verdächtige Brandstellen gestreut wird, läßt sich bei eintretender Rotfärbung nachweisen, daß solche Brennflüssigkeiten, wie Petroleum, Benzin, Benzol, Spiritus, Öle, Lacklösungen u. dgl. angewendet wurden.

Soweit die Spurensicherung schon im Abschnitt I näher beschrieben wurde, sind die Ratschläge selbstverständlich auch bei Brandfällen anzuwenden, nicht nur bei dem manchmal herbeigeführten Zusammentreffen von Mord und Brandstiftung. Nur kommen, wie bei jeder Verbrechensart, auch hier noch kriminaltechnische und -taktische Sonderfeststellungen in Frage, wie sie in den meisten kriminalistischen Lehrbüchern[1]) dargestellt sind.

Der chemische Mitarbeiter des Instituts für gerichtliche Medizin und Kriminalistik in Jena (jetzt in Breslau) Dr. Walter Specht hat einen ausführlichen und lehrreichen „Fragebogen für die Brandstellenuntersuchung" mit über 130 Einzelfragen ausgearbeitet[2]), wie sie sich aus seiner umfangreichen Tatortarbeit ergeben haben. Dabei unterscheidet er drei Hauptgruppen der „uner-

---

[1]) U. a. auch in meiner „Kriminaltaktik", S. 37—54.

[2]) Als Drucksache zum Dienstgebrauch; sie sind teilweise in meinem vorzlt. Werk, S. 48ff., aufgeführt.

läßlichen Feststellungen am Brandort": I. Am Brandobjekt. II. Im Brandobjekt. III. Sonderfeststellungen an der Kleidung und am Körper des Brandbetroffenen oder des Verdächtigten, sowie hinsichtlich der Feuerversicherungsverhältnisse, alles nach diesen drei Grundfragen der Vorbereitung und Ausführung der Tat und der Spurenbeseitigung nach der Tat.

VI. Sicherung von Schartenspuren.

Durch gewaltsame Einwirkung mit einem harten Gegenstand auf einen weniger harten werden Eindrücke verursacht, die oft charakteristische und daher identifizierbare Spuren hinterlassen; es sind die Werkzeugeindrücke und Schartenspuren. Scharten[1]) sind unregelmäßige Lücken in der Schneide eines Messers, Beiles u. dgl. Beim gewaltsamen Aufbrechen von Behältnissen jeder Art mit Meißel, Stemmeisen, Kneifzange, Messer, Schraubenzieher und ähnlichen Geräten treten solche Eindrückspuren in Erscheinung, aber auch z. B. beim Ausgleiten eines Meißels beim Aufbrechen eines Zinksarges, auch bei einem Beilhieb auf den Schädel, der aber erst bei entsprechender Herrichtung der Schädeldecke sichtbar wird. Die gleiche Beobachtung läßt sich beim Durchhauen eines Baumstämmchen mit der Axt machen. Zur Abformung solcher Spuren verwendet man Wachs, Glaserkitt oder noch besser die in der zahnärztlichen Praxis angewendete Abdruckmasse „Stents", die vorher in warmem Wasser (bei 60—65 Grad Celsius)[2])

[1]) Im Vergleich zu den allgemeinen (geringwertigeren) Merkmalen der Breite und Dicke sind die Scharten die besonderen Merkmale von oft ausschlaggebender Beweiskraft.

[2]) Zu heißes oder kochendes Wasser macht die Masse unbrauchbar.

erweicht und dann in die Spur eingedrückt wird. Es empfiehlt sich, die Schartenspuren vorher etwas einzufetten. Bei ganz feinen Schartenspuren empfiehlt sich eine photographische Aufnahme (bei seitlicher Beleuchtung und Beigabe eines Maßstabes), ehe andere Sicherungsverfahren angewendet werden, durch die wertvolle Feinheiten zerstört werden könnten.

Außerdem empfiehlt sich zur Aufnahme von größeren Schartenspuren und Werkzeugeindrücken die Modelliermasse „Plastilin", das sich aber wegen seiner Weichheit nicht zum Versenden eignet. Es müßte daher von der so hergestellten Spur ein Gipsabguß genommen werden; es kann übrigens wiederholt benutzt werden. Eindrücke auf größeren Flächen kann man durch das sogenannte Abklatschverfahren sichern. In die abzuformende Vertiefung legt man ein Blatt Filtrierpapier, befeuchtet es dann mit einem nassen Schwamm oder Tuch und drückt es mit einer Kleiderbürste in die einzelnen Vertiefungen fest ein. Nacheinander werden dann ebenso fünf bis sechs weitere Filtrierblätter eingelegt und jedes Blatt für sich mit dünnem Kleister oder Leimwasser mit der Kleiderbürste gut eingedrückt, bis es sich mit der Unterlage fest verbunden hat. Der so hergestellte völlig ausgetrocknete Abklatsch läßt sich leicht herausnehmen; er kann sogar zum Versenden ohne Beschädigung seiner Form zusammengerollt werden.

Notfalls läßt sich der Abklatsch auch mit Zeitungspapier oder sonstigem weichem, nicht zu dickem und ungeleimtem Papier herstellen; nur soll das erste Blatt, das direkt auf die Spur gelegt wird, weder bedruckt, noch beschrieben sein.

In der gerichtlichen Medizin haben Schartenspuren ebenfalls eine besondere Bedeutung, soweit es sich um Knochen- und Knorpelverletzungen durch unbekannten Täter handelt. Oft lassen sich durch die vergleichbar gemachten Schartenspuren identifizierbare Merkmale sichern, um die angewendeten Schnitt- und Hiebwaffen zu bestimmen oder eine vermutlich benutzte Waffe bestimmt auszuschließen. Beim Vorliegen mehrerer Wunden kann manchmal erkannt werden, daß während der Verwundung das Schneidinstrument schartig geworden ist, weil entweder die Schneide am Knochen abgesprungen oder bei der Abwehr des Opfers schadhaft geworden ist.

Bei senkrecht auftreffenden Schneide- und Hiebwaffen auf Knochen und insbesondere auf das Schädeldach können die gesicherten Schartenspuren nicht nur sichere Schlüsse auf das angewendete Instrument, sondern auch auf die Hiebrichtung, sowie auf die Stellungsmöglichkeiten von Täter und Opfer zulassen, was besonders bei Schädeldachverletzungen wiederholt gelungen war.

Ebenso wichtig sind auch am Tatort oder im Körper des Verletzten abgebrochene Teile von Werkzeugen, wie Messer, Schere, Dolch, Schusterahle u. dgl., deren Bruchstellen mit einem beim Täter vorgefundenen Gebrauchsgegenstand oder Handwerkszeug identifiziert werden können. Nötigenfalls ist die zu einem entsprechend beschädigten Instrument des Täters noch fehlende abgebrochene Spitze durch Röntgenphotographie der Verletzungsstellen aufzusuchen und als zum Tatinstrument zugehörig nachzuweisen. (Vgl. Handwörterbuch der gerichtl. Medizin u. naturwissenschaftl. Kriminalistik, Berlin 1940, S. 632.)

Zur Gruppe der Scharten- und Druckspuren gehören auch alle anderen identifizierbaren Merkmale, die durch mechanische Einwirkungen entstehen, z. B. der Eindruck eines Schlagbolzens in eine Patrone, Rillen im Bleigeschoß eines Revolvers, Hiebe und Stiche auf Knochen, Bißverletzungen und sonstige Zahnspuren, Poststempelabdruck auf einliegendem Briefpapier, Bleistiftdruckspuren, reliefartig auf der Blattrückseite oder auf dem unterliegenden Papier zu sehen, Beschädigungsmerkmale der Schreibmaschinentypen. Sie werden, je nach Geeignetheit, in gleicher oder ähnlicher Weise gesichert und zur Identifizierung hergerichtet, außer den Typenmerkmalen der Schreibmaschine, die lediglich durch Schriftproben[1]) gesichert werden.

Die Herstellung von Vergleichungsspuren des aufgefundenen, d. h. vermutlich zur Tat benutzten Gerätes werden Gipsplatten oder Wachs-Zinkweißplatten zur Anfertigung einer sogen. Schabespur auf dem Mikrotomschlitten verwendet. Dieses Vergleichungsverfahren fällt aber in das Gebiet des Spezialsachverständigen und wird hier nicht näher beschrieben. Nur sei auf die einschlägigen Vorarbeiten aufmerksam gemacht: Prof. Kockel im Arch. f. Krim. Bd. 5, S. 126; Bd. 11, S. 347; Bd. 23, S. 245. Weitere Mitteilung findet man in Bd. 28, S. 223; Bd. 37, S. 132; Bd. 80, S. 7. Ferner vgl. Krim. Monatshefte 1931, S. 16.

---

[1]) Siehe Näheres im Abschnitt VIII. Je größer die Zeitdifferenz zwischen Tat und Spurensicherung ist, desto mehr muß mit dem Hinzukommen neuer Beschädigungen des Gerätes, der Schneiden, der Typen und Vermehrung oder Veränderung des Schartenspurenbildes gerechnet werden.

VII. Sonstige Spuren.

1. Staubspuren.

Zweck der Feststellung identifizierbarer Staubspuren ist der Nachweis, daß ihr Träger sich an Örtlichkeiten aufgehalten hat, wo er sie zufällig aufgenommen haben kann, die mit einer Straftat in Zusammenhang stehen. Buhtz und Schwarzacher haben folgende Staubgewinnungs- und Sicherungsmethode vorgeschlagen[1]). Um Staubteilchen aufzulesen und wieder abzulegen, benutzt man feine Präpariernadeln und feine, gut gereinigte Pinselchen oder schmal zugeschnittene Hühnerkielfedern. Magnetische Teilchen, wie Eisen und Nickel, werden mittels eines kleinen Stabmagnetes ausgelesen. Kleidungsstücke werden abschnittweise ausgeklopft, zweckmäßig auf einen Stickrahmen von 15—20 cm Durchmesser gespannt und zwar auf eine untergestellte gut gereinigte Porzellanschüssel (Abdampfschale). Um ein Entweichen des Staubes zu verhindern, kann man ein Pergamentpapier auf den auszuklopfenden Stoffteil legen. Der so gesammelte Kleiderstaub wird — bei Vermeidung jeder Zugluft — auf Papierstücke ausgebreitet, je nach Kontrastwirkung auf weißes oder schwarzes. Man durchmustert zunächst den ganzen Bestand mit der Lupe, zweckmäßig auch mit der Analysenquarzlampe, die dabei hell aufleuchtenden Staubteilchen sondert man am besten gleich von den übrigen. Zur Herstellung von Dauerpräparaten verwendet man

[1]) Die Methodik der Kleiderstaubuntersuchung, Handb. d. biolog. Arbeitsmethoden, Abt. IV, Teile 12/II, S. 627.

am besten aus einer unbelichteten, gut ausfixierten und gewässerten photographischen Platte mit Gelatineschicht entsprechend große herausgeschnittene Streifen, die vor der Benutzung durch kurzes Eintauchen in destilliertes Wasser etwas angefeuchtet werden.

Zu spezifischen Staubspurenuntersuchungen müssen nötigenfalls Botaniker, Mineralogen, Zoologen usw. mit herangezogen werden.

Dasselbe gilt auch für Erdspuren am Schuhwerk des Verdächtigten und Pflanzenreste bei aufgefundenen Wasserleichen Ermordeter.

2. Bißspuren[1]).

Sie kommen vor bei Raufereien, am Täter selbst als Spuren der Gegenwehr des Opfers, dann am Opfer bei Sexualverbrechen und schließlich Bißeindrücke an leblosen Gegenständen am Tatort, wie Käse, Obst, Kuchen, Butter, Butterbrot, Wurst, Äpfeln aus Seife u. dgl. Tatsächlich würden auf Grund solcher Bißeindrücke schon Täter identifiziert oder vermutliche entlastet wegen augenscheinlicher Nichtidentität der Bißspuren. Je nach dem Material ist die Verderblichkeit solcher Spuren schneller oder langsamer, so daß in allen Fällen für rasche Konservierung gesorgt werden muß. Dies geschieht meistens durch einen Gipsabdruck, zuvor kann es durch Einfrieren in Kühlschrank oder in ½% Formal (Obst in isotonischen Lösungen) gehärtet werden. Zweckmäßig ist auch in allen Fällen, besonders an der Leiche, eine mit Maßstab aufgenommene Photographie,

---

[1]) Nach Renner, im Handwörterbuch der gerichtl. Medizin u. naturw. Kriminalistik, Berlin 1940, S. 944.

möglichst in genauer Originalgröße, wozu sich besonders auch die stereoskopische Aufnahme empfiehlt. Bei Leichen kann durch Fäulnis, Verwesung, Vertrocknung, Totenstarre das Bild sich leicht verändern, so daß möglichst schnelle Konservierung in Weingeist oder Formalinlösung dringend anzuraten ist.

Vor dem Gipsabguß geeigneter Bißspuren empfiehlt es sich, eine dünne Isolierschicht auf das Objekt durch Talkum oder Fett oder Bepinseln mit Wasserglas zu bilden. Dann wird der Gips in leichtflüssigem Zustand aufgetragen. Nach der Härtung wird der Abdruck weggenommen und zur Herstellung eines Negativs verwendet, von dem wieder das Positiv hergestellt werden kann. Die Abdrücke des Täters oder des Verdächtigten werden direkt durch Bißabdruck oder indirekt durch Veranlassung zu einer Bißspur zu Zwecken der Vergleichung verwendet. Ebenso werden zu Vergleichungszwecken Kiefermodelle des Opfers hergestellt, wenn davon die Identifizierung von Bißspuren des Opfers beim Täter abhängt. Bei flachen oberflächlichen Zahneindrücken ist allemal der genauen photographischen Aufnahme der Vorzug zu geben. Bei Unstimmigkeit zwischen Modell und Zahnspur ist stets die Zeitdifferenz zwischen Entstehung der Zahnspur und Anfertigung des Modells zu berücksichtigen, wobei mit nachträglichen Gebißveränderungen zu rechnen ist.

Zur Sicherung von Biß- und anderen Wunden eignet sich auch das, wenn auch nicht ganz leicht durchführbare Abformverfahren nach Poller, das er in seinem Buch „Das Pollersche Verfahren zum Abformen (Berlin u. Wien 1931), eingehend beschrieben hat und das auch in der Praxis schon ganz gute Erfolge zeitigte.

3. Radspuren[1]).

Manchmal wird es nötig sein, Spuren von Fuhrwerk, Autos oder Fahrrädern festzustellen und zu sichern, soweit sie erkennbare und identifizierbare Merkmale aufweisen, wie z. B. die Gummireifen. Grundsätzlich erfolgt ihre Sicherung durch Ausgießen mit Gips, wie die im Abschnitt III behandelten Fußspuren. Auch die photographische Aufnahme mit beigelegtem Maßstab ist wichtig. Auch das Pollersche Moulageverfahren ist hierbei in geeigneten Fällen anwendbar; vorteilhaft dabei — im Gegensatz zum Gipsabguß — ist der Umstand, daß längere Spuren damit abgeformt werden können, wenn sie durch Drahteinlagen verstärkt sind.

4. Körperteilspuren und ähnliches.

Soweit solche in weichem Erdreich im Freien sichtbar mit einer Straftat in Zusammenhang stehen, können sie auch mit Gips ausgegossen werden, z. B. jede Vertiefung, wie Kniespuren, die bei einem Notzuchtakt entstanden sind, oder beim Herausspringen aus dem Fenster und Fall auf weichem Boden, wobei in günstigen Fällen es gelingen wird, die Beschaffenheit des Kleiderstoffes (z. B. reliefartig gerippte Manchesterhose) deutlich zu erkennen; ferner Spuren beim Gehen in Strümpfen mit Löchern, deren Merkmale, wie auch der Boden eines hingestellten geflochtenen Korbes oder Rückentrag-

[1]) Eingehend sind diese Spuren und ihre Auswertung in Anuschats Krim. Spurenkunde, S. 85ff. dargestellt. Vgl. auch Arch. f. Krim., Bd. 91 (Beilagen), wo die bes. 1932 gebräuchlichsten Autoreifenmuster abgebildet sind. Über Radspuren beim Überfahren menschlicher Körper berichtet W. Weimann im Arch. f Krim., Bd. 80 (Heft 1) und Bd. 91, S. 53.

korbes, die Zwinge eines Stockes u. dgl. in weichem Untergrund im Gipsabdruck festgehalten werden können[1]).

In der gerichtlichen Medizin zeigen sich öfters bei direkten Schädelbrüchen in Form von identifizierbaren Lochbrüchen Merkmale, die der Form und Größe des angewendeten Mordwerkzeugs entsprechen, z. B. beim Hieb mit Hammer, Hacke und spitzartigen Instrumenten. Unter günstigen Umständen kann man aus Art und Form solcher Knochenbrüche manchmal auch Schlüsse auf die Stellung des zuschlagenden Täters ziehen.

5. Schleifspuren.

Sie spielen in mehrfacher Hinsicht eine besondere Rolle bei der kriminalistischen Untersuchung, so besonders beim Wegschaffen der Leiche, wobei aber auch Schleifspuren am Körper des Verletzten oder der Leiche, wie auch an der Kleidung auftreten können, die näher zu beschreiben sind; nötigenfalls werden sie durch Photographie festgehalten, zweckmäßig auch durch Zeichnungen.

Schleifspuren zeigen sich ferner beim „Gangbild", wenn ein Mensch sein steifes Bein „nachschleift" und entsprechende Spuren im weichen oder sandigen oder schneeigen Boden hinterläßt.

Auch sonst kommen gelegentlich brauchbare Schleifenspuren bei der Vorbereitung oder Ausführung einer Straftat vor, z. B. beim Heranschaffen oder Wegschaffen einer langen Leiter bei Brandstiftungen und schweren Gegenständen, die von einem Menschen allein nicht getragen werden konnten.

[1]) Spuren mitgeführter Tiere, besonders eines Hundes oder Pferdes dürfen nicht übersehen werden.

Bei Aufklärung von Verkehrsunfällen gewinnt besonders die „Bremsspur“ oder „Blockierspur“ als eine besondere Art von Schleifspuren an Bedeutung, die in jedem Falle am besten durch Photographie mit daneben gelegtem Maßstab festgehalten werden. Infolge der Abreibung des Radgummis bei Autos erscheint regelmäßig ein dunkler Streifen auf der Straßendecke als letzte Fahrspur vor dem Anhalten; sie beginnt, sobald der Fahrer die Gefahr erkannt hat und mit sofortigem starken Bremsen einsetzte. Daher ist sie von ihrem Beginn bis zu ihrem Ende auszumessen; an verschiedenen Stellen wird dann noch ihre Entfernung senkrecht zum rechten Straßenrand gemessen, um die Ausweichbewegungen besser zu erkennen.

Neben der Bremsspur können noch „Schleifspuren“ auftreten, wenn ein angefahrener Mensch oder ein Gegenstand, z. B. sein Fahrrad, hängenbleiben und mitgeschleift werden. Seitlich schleudernde Kraftfahrzeuge hinterlassen „Radierspuren“.

6. Schußspuren[1]).

Folgende Feststellungen und Spurensicherungen kommen in Betracht:

a) Die Anzahl der Schüsse.

b) Die Wirkung des Geschosses auf den menschlichen Körper. Die Stellung des Getroffenen beim Einschlag des Geschosses und die genaue Stelle der Ein- und Ausschußverletzung liefern Anhaltspunkte für die Richtung, aus welcher der Schuß gekommen ist, und dafür, ob ein Fernschuß oder ein Nahschuß oder ein

[1]) Nach Tenner, Kriminalistik in Merkblättern, München 1930, S 21

aufgesetzter Schuß vorliegt. Bei diesen beiden letzten zeigen sich an der Einschußstelle stärkere oder schwächere Verbrennungen oder Versengungen, eingestreute Pulverkörner und -schmauch, d. i. Verrußung durch das verbrannte Pulver. Der Einschuß ist gewöhnlich kleiner als der Ausschuß; doch kann sich auch, insbesondere bei einem aufgesetzten Schuß, ein anderes Bild ergeben.

Die Kleidungsstücke am verletzten Körperteil bedürfen der sorgfältigen Untersuchung auf die Spuren des Schusses und sind deshalb in der Regel für eine sachverständige Würdigung sicherzustellen.

c) Die Wirkung des Geschosses auf Gegenstände, z. B. auf Wände, Türen, Möbelstücke, Fensterscheiben und Bäume. Sie bietet Anhaltspunkte für die Richtung und die Entfernung, aus welcher der Schuß kam.

Durchgeschossene Fensterscheiben[1]) können dadurch vor weiterem Zerbrechen gesichert werden, daß man sie auf einer Seite mit starkem Papier und Klebstoff oder Mehlkleister überklebt. Der Sicherheit halber kann man zunächst die Risse und Sprünge des Glases auf durchsichtigem Papier nachzeichnen oder photographieren.

Bei einem Schrotschuß stellt man möglichst die einzelnen Einschläge und damit den Streukegel fest.

d) Die Wirkung des Schusses auf den Schützen. An der Hand, die eine Pistole oder Trommelrevolver abgefeuert hat, findet sich öfters Pulverschmauch. Auch die andere Hand kann geschwärzt sein, wenn mit ihr z. B. zum besonderen Zielen, die Pistole ziemlich weit vorn am Lauf gehalten wurde.

[1]) Über Glasscheibenbrüche berichtet Bauernfeind im Arch. f. Krim., Bd. 101 (Schlußheft) ausführlich und lehrreich.

e) Der Standort des Schützen. Zu seiner Ermittlung ist außer den Feststellungen nach b) und c) wichtig das Aufsuchen und die genaue Aufzeichnung des Fundorts von Patronenhülsen. Die bei Selbstladepistolen und Gewehren ausgeworfenen Hülsen rollen zwar leicht fort oder springen nach einem Anprall weg, können aber doch im Zusammenhalt mit anderen Feststellungen Anhaltspunkte für die Ausmittelung des Standorts geben. Die Hülsen dürfen nicht gereinigt werden und sind mit entsprechender Kennzeichnung auf der Umhüllung gesondert zu verwahren.

f) Die Auffindungsstelle, Beschaffenheit und Art der Waffe. Findet sich die Waffe vor, so verzeichnet man genau ihre Lage. Man darf sie nicht ohne weiteres aufnehmen und entladen, um sie vom Daktyloskopen auf Fingerspuren untersuchen lassen zu können; auch darf man nicht die Trommel eines Revolvers drehen.

Ist die Waffe schließlich fortzubringen oder zu versenden, so ist sie nach sorgfältiger Beschreibung des Zustandes, in dem sie vorgefunden wurde, zu sichern und ungereinigt zu verpacken. Für die Feststellung, wann zuletzt aus einer Waffe geschossen wurde, ist der Gerichtschemiker zuständig, an den sie zu versenden ist. Dabei ist die Mündung zur Verhinderung des Luftzutritts mit einem sauberen Papierpfropfen zu verschließen.

g) Die Art und Beschaffenheit des Geschosses[1]. Auf die Beibringung und unverletzte Erhaltung des Geschosses ist größter Wert zu legen; denn es gibt mit seinem Kaliber und den Einschnitten der Züge des

[1]) Über eine neue Methode zur Abbildung der Geschoßmäntel auf galvanoplastischem Wege wird im Arch. f. Krim., Bd. 110, S. 1ff., berichtet.

Laufes Anhaltspunkte für die Feststellung der verwendeten Waffe. Zum Herausnehmen eines Geschosses aus der Einschlagstelle darf man deshalb kein scharfes Werkzeug, keine Zange und kein Messer verwenden. Bei Schrotschüssen sucht man für die weitere Untersuchung den Schußpfropf beizubringen, der aus Filz oder bei den vom Schützen selbst angefertigten Patronen auch aus — bedrucktem oder beschriebenem — Papier, aus Stoff, Leder oder Werg besteht.

h) Der Nachweis der Abgabe des Schusses aus einer bestimmten Waffe. Er kann nur durch einen Spezialsachverständigen erbracht werden und zwar auf Grund der Spuren an der Hülse (Eindruck des Schlagbolzens und des Auswerfens einer Selbstladepistole) und am Geschoß selbst. Mit der Waffe, den Hülsen und Geschossen sendet man auch die vorgefundene oder beschlagnahmte Munition zur Untersuchung ein, vor allem zum Zwecke von Probeabschüssen durch den Sachverständigen.

7. Säge-, Hobel- und Bohrspuren.

Auch die Schneide des Hobelwerkzeugs hinterläßt Schartenspuren, die bei Hobelspänen, die z. B. zu Brandstiftungen verwendet wurden, identifizierbar sind. Ebenso bei der Verwendung von **Brettern zu Leitern**, die bei Ausführung verbrecherischer Taten benutzt und am Tatort zurückgelassen wurden[1]).

Schwieriger ist die Identifizierung von Sägespuren nach der Sägeschnittfläche, doch eher schon der negative

[1]) Über einen äußerst wertvollen Beweis von Hobelspuren habe ich gelegentlich der Darstellung des Lindbergh-Hauptmannfalles im Arch. f. Krim., Bd. 109, S. 18, 33, 34 berichtet.

Befund, daß eine vermutlich benutzte Säge auszuscheiden hat. Wenn dagegen bestimmte und auffällige Mängel und Beschädigungen der angewendeten Säge erkennbar sind, ist dies viel leichter möglich. Säge und hinterlassene Sägespuren müssen zusammen verglichen werden können, ehe man daran denken kann, die übereinstimmenden Spuren für den Nachweis herzurichten.

Dagegen gewähren Sägemehlrückstände in der benutzten Säge Anhaltspunkte für die mikroskopische Untersuchung und Identifizierung, besonders zur Feststellung der gesägten Holzart; nur muß dafür Sorge getragen werden, daß sie während der Verpackung und Versendung nicht verloren gehen, so daß es am besten ist, sie abzupinseln und mit einer Präpariernadel sorgfältig zusammenzubringen und gesondert zu verpacken, mit entsprechenden Hinweisen und Kennzeichnung.

Berthold Mueller hat Versuche über die Bohrspuren eines Korkenziehers und ihre Identifizierung gemacht und dabei folgende beide Verfahren empfohlen: Die technisch am einfachsten durchzuführende Methode besteht in einer Darstellung des Bohrkanals durch einen vorsichtig und glücklich geführten Schnitt durch die Mitte des Bohrkanals in ihrer ganzen Länge, so daß es möglich wird, Korkenzieher mit und ohne Achse zu unterscheiden und bei starkem Mißverhältnis zwischen dem Windungsabstand des vorgelegten Korkziehers und den am Bohrkanal festgestellten Maßen den einen oder anderen Korkenzieher auszuschließen. Sicherer, wenn auch erheblich umständlicher ist das Verfahren, nach dem verflüssigtes Woodsches Metall durch Preß-

[1]) D. Zeitschr. f. d. ges. gerichtl. Medizin, Bd. 23, S. 368.

luftwirkung in den Bohrkanal eingeführt wird, wobei eine ziemlich genaue Nachmessung des Windungsabstandes möglich wird.

8 Besondere Werkzeugspuren.

In manchen Einzelfällen bietet das am Tatort aufgefundene Werkzeug insofern wichtige Indizien, als es nachweisbar im Haushalt oder in der Werkstätte des Verdächtigten fehlt. So wurde z. B. das Fehlen eines bestimmten, am Tatort benutzten Werkzeuges nicht nur im Haushalt des Verdächtigten bei der Nachforschung vermißt, sondern seine Wegnahme auch insofern festgestellt, als an der von dem betreffenden Werkzeug bedeckten Stelle eine staubfreie, den Umrissen des Werkzeugs genau entsprechende Stelle entdeckt wurde. In einem anderen Falle fehlte aus einem bestimmten Satz von Werkzeugteilen — Meißel — genau das Größenmuster, das am Tatort aufgefunden worden war.

Gleichartige Nägel und Bretter (neu oder schon gebraucht) können manchmal bei selbstgefertigten Leitern, Kisten usw. mit dem beim Verdächtigten vorgefundenen Vorrat identifiziert werden, was auch beim Schreib- und Verpackungsmaterial gleicherweise zu beachten ist[1]).

9. Spuren an Türschlössern, Stricken, Briefumschlägen. Papiersicherung.

Bohrspurenreste bei Türen jeder Art sind sorgfältig zu sammeln und mit kennzeichnenden Vermerken zu versehen, weil sie bei der sachverständigen Untersuchung gute Dienste leisten können. Spuren im Türschloß (Kratzer) weisen manchmal auf die Art des verwendeten

[1]) Vgl. dazu meinen Bericht im Arch. f. Krim., Bd. 109, S. 92.

Einbruchwerkzeugs hin. Genaue Untersuchung ist nur nach Herausnahme und Öffnen des Schlosses möglich. Das versuchte oder gelungene Öffnen mit Bleistreifen läßt sich ebenfalls meistens gut nachweisen.

1. Bei Stricken dürfen Knoten nicht aufgemacht werden[1]), ehe sie sachverständig untersucht wurden. Die Lage der losen Strickfaserchen, die sich ja nach der Zugrichtung über harte Gegenstände, z. B. Balken, richten und daher manche wichtige Hinweise bei Benutzung am Tatort geben können, z. B. bei der Frage der Selbsterhängung oder beim nachträglichen Aufhängen der Leiche durch den Mörder, sind besonders mit Vorsicht zu behandeln, ehe diese wichtige Spur verwischt wird.

Die Spurensicherung bei der Briefberaubung ist ebenso wichtig zum Nachweis des Verbrechens, wie viele andere Sicherungsarten[2]). Einbruch im kleinsten stellt die widerrechtliche Brieferöffnung und Beraubung dar. Grundsätzlich lassen sich Briefe nicht öffnen und wieder verschließen, ohne daß Spuren hinterbleiben. Ihre Sicherung besteht ja hauptsächlich in der zuverlässigen Übersendung an den zuständigen Sachverständigen, soweit die Untersuchung nicht durch Postsachverständige selbst erfolgen sollte. Bei vorhandenen Siegellackverschlüssen ist auf Fingereindrücke zu achten, ferner auf angestückelte Verschlüsse, überstehende gefärbte Randstellen vom Auslaufen des ersten (beseitigten) Siegellackverschlusses.

---

[1]) Eine reichhaltige Knotensammlung ist im „Handwörterbuch der gerichtl. Medizin usw." S. 820, 821 abgebildet.

[2]) Eingehend haben sich Harder und Brüning in ihrem Buch: „Die Kriminalität bei der Post", Berlin 1924, damit beschäftigt.

Beim Öffnen der Verschlußklappen bleiben fast immer feine, nachweisbare abgerissene Papierreste und -fasern[1]) kleben, wenn nicht in manchen Fällen auch Einrisse in das Papier des Klappenrandes auftreten. Bleistifte, die zum Öffnen verwendet wurden, hinterlassen gewöhnlich im Innern des Briefumschlages Bleistiftspuren, namentlich solche von Graphit. Beim Auflösen der Verschlußklappe im Wasserdampf oder durch sonstige Feuchtbehandlung wird das Papier etwas gewellt und glanzlos. Wichtige Anhaltspunkte bieten Klebstoff- und Stempelreste; ebenso verdächtige Verkleckungen, die etwas verdecken sollen. Zu beachten ist auch, ob Abdruckspuren des Poststempels an der richtigen Stelle der Briefeinlagen sichtbar sind; daher vor der Herausnahme darauf achtgeben!

Zerrissene und verbrannte (verkohlte) Schriftstücke, die als Beweismittel dienen können, sind mit besonderer Sorgfalt zu sammeln und aufzubewahren. Aus dem Ofen wird verkohltes Papier nach Abschluß der Rauchklappe mittels eines schmalen steifen Papierstreifens (Kartonstückchens) herausgeholt und unter Verwendung nicht gepreßter Wattebäuschchen in einer Schachtel verwahrt und an die Untersuchungsstelle eingesandt. In geeigneten Fällen lassen sich einzelne verkohlte Papierreste auch zwischen Glasplatten legen. Die weitere Behandlung solcher Schriftstücke muß dem Sachverständigen überlassen werden[2]).

[1]) Sie können durch Wasserdampflösung frei gemacht werden.

[2]) Vgl. dazu Hans Groß, Handb. f. Untersuchungsrichter, München 1922, S. 615ff. Ferner vgl. über die Wiederherstellung verbrannter Urkunden im Arch. f. Krim., Bd. 72, S. 67.

Papiere, die lange in der Erde oder im Wasser gelegen haben (Wasserleichen) sind durch die darin enthaltenen Bakterien leicht der Fäulnis ausgesetzt. Sind sie von besonderer Wichtigkeit, um sie zu konservieren, so empfiehlt Hans Groß (Handb. f. UR., S. 194), sie zu reinigen und zu trocknen und dann auf beiden Seiten mit Zaponlack zu bestreichen; besser sei Zellit, da es nicht, wie Zaponlack, feuergefährlich sei. Zu bedenken ist dabei, daß eine etwaige spätere Untersuchung durch den Gerichtschemiker nicht mehr durchzuführen ist, so daß vor der Zaponisierung das zu überlegen ist.

Zerkautes Papier wird mit Zellit betupft und mit der Präpariernadel vorsichtig auseinander genommen und nach Möglichkeit zusammengesetzt. Das Zusammensetzen sehr klein zerrissener Schriftstücke überlasse man am besten dem Sachverständigen, der dazu mehr Geduld und Geschicklichkeit besitzt.

Das Freilegen und Lesbarmachen von verklebten und verkrusteten Schriftstücken in Kleidungsstücken von lange in der Erde gelegenen Leichen geschah in einem geschichtlich bedeutsamen Falle folgendermaßen:

Die Schriftstücke wurden zunächst mit Xylol oder Petroläther, dann mit Chloroform bei Zimmertemperatur behandelt. Durch Ablösung reichlicher Fettsäuremengen wurde eine Freilegung der einzelnen Schriftstücke und Papierblätter erreicht, wobei infolge starker Aufhellung auch schon Schriftteile, wenn nicht ganze Texte lesbar gemacht wurden. Nach dieser Vorbehandlung konnten weitere, etwa auftauchende Unklarheiten durch Anwendung der Ultraviolettlampe oder auf dem Wege der Infrarotphotographie beseitigt werden. In wichtigen Fällen wurden auch chemische Hilfsmittel zur Wiedersichtbarmachung von einzelnen Schriftteilen, besonders Namenszügen, angewandt. In einem Falle wurde die über einer Unterschrift lagernde Schicht eines Lichtbildes nach Aufweichung in heißem Wasser mittels Zyankali bei gleichzeitiger Erhaltung der Unterschrift beseitigt; in weiteren Fällen konnten ausgebleichte Tintenschriften durch Begasung mit Rhodanwasserstoff gut lesbar gemacht werden.

10. Exkremente (Kot, Urin, Speichel, Sperma, Mageninhalt)[1].

Die Untersuchung des menschlichen Kots und von Kotflecken hat in bestimmten geeigneten Fällen den Zweck, durch Bestandteile der Nahrungsreste und gewisser Beimischungen die letzte Nahrung eines Ermordeten festzustellen, aber auch zum Zwecke der Identifizierung mit einem bestimmten Menschen als Täter. Auch der Bakteriengehalt des Kots wurde schon zur Identifizierung herangezogen.

Urin wird bei folgenden Untersuchungen von Wichtigkeit sein können: beim Giftnachweis, da viele Gifte im Harn unverändert ausgeschieden werden, vor allem metallische Gifte, wie Quecksilber und Thallium. Alkoholausscheidung, wichtig bei Unfall im Verkehr, Untersuchung des Leichenharns auf Alkohol kann oft ausschlaggebend sein, da die Bestimmung ergänzt werden kann. Bedeutungsvoll ist auch die Heranziehung des Urins bei der biologischen Schwangerschaftsreaktion, die schon fünf Tage nach Ausbleiben der Regel positiv zu sein pflegt. Spermanachweis und -identifizierung spielen

[1]) Vgl. Handwörterbuch d. gerichtl. Medizin, S. 191, 473, 706, 707, 873.

eine Rolle bei Notzucht und anderen Sittlichkeitsverbrechen. Während frische Samenflüssigkeit, wie bei der Untersuchung auf Zeugungsfähigkeit verhältnismäßig einfach zu untersuchen ist, wird dies bedeutend schwieriger bei trockenen Samenflecken. Die Analysenquarzlampe leistet gute Dienste, da Spermaflecken stärker aufleuchten, als Harn, Schleim u. a. Die Flecken lassen sich beim Aufleuchten mit Bleistift leicht abgrenzen, um sie bei der weiteren Untersuchung besser zu finden. Die Ränder erscheinen manchmal etwas dunkler, der Auffangstoff wird gesteift, wie beim Wäschestärken. Zuweilen bietet die Fleckenverteilung Hinweise auf ihre Entstehung, d. h. ob sie durch Auftropfen, Aufspritzen oder Abwischen entstanden sind. Der Kausalzusammenhang zwischen Spermaflecken und Verbrechen ist besonders sorgfältig zu prüfen, da die Verdacht erregenden Flecken auch aus durchaus nichtkriminellen Anlässen entstanden sein können.

Der Mageninhalt wird vom Gerichtsmediziner (bzw. Gerichtschemiker) nach folgenden Gesichtspunkten untersucht: Zur Feststellung der Vergiftung (neben dem Erbrochenen) und für die Todeszeitbestimmung, manchmal auch zu Identifizierungszwecken. Oft geht wertvolles Untersuchungsmaterial dadurch verloren, daß es vom zugezogenen Arzt oder dem Krankenhauspersonal weggeschüttet wird, bevor sie auf die Wichtigkeit dieses Materials aufmerksam gemacht worden waren.

Die Feststellung der Todeszeit nach dem Zustande der Verdauung des Mageninhalts ist nicht leicht, weil manche Störungursachen mitwirken können, wie z. B. bei schweren Schädelverletzungen, Bewußtseinsstörungen, Schockwirkungen. Zur Feststellung der Identität eines unbekannten Ermordeten kann aus Art und Zusammensetzung des Mageninhalts mancher wertvolle Hinweis gegeben werden, wenn seine letzte Mahlzeit einigermaßen sicher ermittelt werden kann.

Bei allen solchen von bestimmten Menschen herrührenden Spuren ist größter Wert auf ihre zuverlässige Kennzeichnung, Getrennthaltung, Angabe der Herkunft usw zu legen, um verhängnisvolle Verwechslungen zu vermeiden, die später nicht mehr in Ordnung zu bringen sind. Dies gilt auch für die jetzt zu besprechenden Blutproben.

11. Blutprobenentnahme.

Sie erfolgt zu diesen beiden Zwecken: einmal zur Blutalkoholbestimmung bei Verkehrsunfällen, sodann zur Blutgruppenbestimmung nach § 81a StPO. Bei der außerordentlichen Wichtigkeit und Häufigkeit der von Ärzten und Gesundheitsämtern vorzunehmenden Blutentnahmen fehlt es auch nicht an weitgehender Schulung zur Beachtung der vorgeschriebenen Maßnahmen. Nach der gesetzlichen Bestimmung ist die Entnahme von Blutproben auch ohne Einwilligung der zu Untersuchenden zulässig, wenn keine Nachteile für seine Gesundheit zu besorgen ist.

Die Polizeibehörden und beamteten Ärzte müssen mit einem genügenden Vorrat von Blutentnahmeröhrchen (sogen. Venülen oder Glaskapillaren), Verpackungsmaterial und Vordrucken (Fragebogen) versehen sein, die mit diesen geliefert werden und stets ordnungsmäßig ausgefüllt mitzusenden sind. Geliefert werden sie von den Stellen, an die sie einzuliefern sind. Für die Blutalkoholuntersuchungen sind außer dem Staatskrankenhaus der Polizei in Berlin (NW 40, Scharnhorststr. 13) die gerichtsmedizinischen Institute der Universitäten zuständig.

Der Runderlaß des RMdJ. vom 19. 7. 1938 (RMbl i. V., S. 1215) führt u. a. aus: „Bei Verkehrsunfällen ist die einwandfreie Feststellung des Grades der Trunkenheit der Beteiligten, auch der Opfer, ganz besonders wichtig. Daher ist bei allen an dem Unfall beteiligten, also nicht nur beim Führer eines Kraftwagens, sondern bei Verkehrsteilnehmern aller Art, z. B. auch Fußgängern, zu prüfen, ob die Blutuntersuchung durchzuführen ist. Bei polizeilichen vorbeugenden Maßnahmen ist die Blutuntersuchung auf Alkohol gegenüber Personen durchzuführen, die im Zustand alkoholischer Beeinflussung ein Fahrzeug führen oder zu führen beabsichtigen, obwohl sie zur sicheren Führung unfähig sind. Die körperliche Untersuchung soll möglichst unverzüglich nach dem rechtserheblichen Ereignis durchgeführt werden, um den zur Zeit des Ereignisses bestehenden Grad der alkoholischen Beeinflussung oder die Nüchternheit festzuhalten, die Blutentnahme möglichst erst 1½ Stunden nach Beendigung des Alkoholgenusses erfolgen."

Die Blutentnahme zur Blutgruppenbestimmung bei Vaterschaftsuntersuchungen greift insoweit auch gelegentlich in die Kriminalistik ein, als es sich um Zeugungen bei Notzuchtverbrechen, Kindesunterschiebungen und ähnliche, im Zusammenhang mit Straftaten stehende Abstammungsnachweise handelt. Manche gerichtsmedizinischen Institute, z. B. in Breslau, haben mustergültige Vordrucke eingeführt, ebenso den Fingerabdruck als Sicherungsmittel, damit Unregelmäßigkeiten und Täuschungen infolge Verwechselungen der

Blutproben nach menschlichem Ermessen ausgeschlossen werden können. Nur genaueste, gewissenhafte und zuverlässige Durchführung der Sicherungsmaßnahmen kann sie vermeiden.

VIII. Anweisung zur Beschaffung von Vergleichungsschriftproben[1]).

A. Aufnahme von Diktatschriftproben.

1. Bei der Aufnahme von Diktatschriftproben[2]) sind möglichst die gleichen Schreibumstände herzustellen, die bei der Anfertigung der verdächtigen oder bestrittenen Schriftstücke bestanden haben.

---

[1]) Diese Anweisung wurde zuerst im Jahre 1905 von dem Schriftsachverständigen Dr. Georg Meyer und mir ausgearbeitet und bei der Kriminalpolizei Berlin als dienstliche Anweisung gedruckt und auch als Unterrichtsmittel benutzt. Nach einer Texterweiterung wurde sie als neue dienstliche Anweisung der Berliner Kriminalpolizei vom 1. September 1911 eingeführt und allen Kriminalbeamten zur genauen Beachtung zur Verfügung gestellt. Sie wurde auch von vielen anderen Polizeibehörden übernommen, so daß seitdem eine merkliche Besserung in der bisher stark vernachlässigten Beschaffung von Vergleichungsschriftproben eingetreten war.

Die danach entstandene neue „Anweisung für die Aufnahme von Schriftproben" (Runderlaß vom 5. 6. 1928, MBliV., S. 602) weicht nur in einigen äußerlichen, unwesentlichen Punkten davon ab; doch entspricht der dazu gegebene „Wortlaut der anzufertigenden Schriftprobe, falls kein Lebenslauf geschrieben wird", nicht den Zwecken der Schriftvergleichung, die sich grundsätzlich nach dem Text der zu untersuchenden Schriftstücke zu richten hat, und der infolge jenes vorgeschriebenen „Wortlautes" in Untersuchungsfällen der Praxis oft fehlt, so daß er nachträglich doch noch als Schriftprobe eingeholt werden muß.

[2]) Grundsätzlich muß der Text zu untersuchender Schriftstücke diktiert werden, was ausdrücklich auf den Schriftproben als „Diktatsschriftprobe" zu vermerken ist. Die vielfach in den Akten an-

a) Es ist die *gleiche Papiergröße* zu benutzen, also z. B. Briefbogen, Postkarten, Postabschnitt-, Telegramm-, Postanweisungs-, Wechsel-, Quittungsvordrucke u. dgl.

b) Ist zu dem Schriftstück *liniiertes* Papier verwendet worden, so soll auch die Schriftprobe auf gleichen, nötigenfalls herzurichtenden Linien niedergeschrieben werden.

c) Das *gleiche Schreibmaterial* ist zu verwenden (Tinte, Bleistift, Farbstift, spitze, breite, harte, weiche Stahlfeder, nötigenfalls auch Rundschriftfeder; ferner glattes oder rauhes Schreibpapier).

d) Falls in dem verdächtigen oder bestrittenen Schriftstück auffallend langsam und sorgfältig oder auffallend schnell und flüchtig oder auffallend schräg, steil, groß usw. geschrieben zu sein scheint, soll vom Beschuldigten neben einer gewöhnlichen, unbeeinflußten Schriftprobe auch eine solche aufgenommen werden, bei der er entsprechend langsam, schnell, links- oder rechtsschräg, steil, groß usw. zu schreiben hat. Zur Unterscheidung solcher Schriftproben ist diesen ein erläuternder Vermerk von dem Beamten beizufügen.

e) Macht der Schreibende den Versuch, seine Schrift zu verstellen, so muß man ihn möglichst schnell und viel schreiben lassen[1]).

---

gewendete Bezeichnung „Abschrift“ ist dabei zu vermeiden, weil dann Rückfragen notwendig werden, ob die Schriftproben durch „Abschreiben“ oder durch „Diktieren“ entstanden sind, was selbstverständlich bei Beurteilung der Schriftprobe ein großer Unterschied ist. Zum „Abschreiben“ darf das zu untersuchende Schriftstück dem beschuldigten Urheber grundsätzlich *nicht* vorgelegt werden.

[1]) Oder zu einer späteren Zeit die Schriftprobenaufnahme wiederholen

2. Die Schriftproben sind in der gleichen -- deutschen, lateinischen, gemischten -- Schriftart herstellen zu lassen, nötigenfalls auch in Drucktypenschrift [1]).

3. Die Schriftprobe soll den ganzen Text oder doch einen längeren Absatz vom Anfang und Schluß des Schriftstückes wiedergeben, insbesondere auch solche Wörter, welche Rechtschreibungsfehler aufweisen [2]).

4. Kürzere Schriftproben sind in mehrfacher Wiederholung aufzunehmen, besonders wenn es sich nur um gefälschte Unterschriften oder Urkundenzusätze handelt. In solchen Fällen empfiehlt es sich außerdem, einen kurzen, zusammenhängenden Text, in dem die Wörter (Namen) oder Buchstaben der Fälschung in anderen Wortverbindungen, z. B. in Form eines kurzen Lebenslaufes vorkommen, zu diktieren.

5. Die Niederschrift der Schriftproben soll grundsätzlich nur nach Diktat geschehen. Dem Schreiber ist ein Einblick in das verdächtige Schriftstück vor oder bei der Diktatniederschrift nicht zu gestatten, einzelne Wörter dürfen ihm nicht buchstabiert werden. Fremdwörter sind nach ihrer Aussprache zu diktieren [3]).

Falls der Beschuldigte erklärt, eine bestimmte Schriftart nicht schreiben zu können, z. B. Druckschrift oder bei Ausländern die deutsche Schrift, so ist er zu veranlassen, nach Vorlage einer Zeitung oder des

[1]) Bei Aufschriften an Türen und Wänden sind Schriftproben in möglichst gleicher Weise aufzunehmen, durch Auflegen eines entsprechend großen Stückes Papier oder Karton an eine Wand in gleicher Höhe.

[2]) Auch Adressenaufschriften auf entsprechend großen Briefumschlägen oder Zetteln schreiben lassen.

[3]) Auskunft über die richtige Schreibweise ist dem Schreibenden nicht zu geben.

betreffenden Schriftstückes[1]) die Schriftprobe anzufertigen.

In besonderen wichtigen Fällen sind auch die etwa noch vorhandenen Schriftproben aus der Schulzeit des Beschuldigten zu beschaffen, namentlich dann, wenn der Beschuldigte seine Schreibfähigkeit bestreitet.

6. Außergewöhnliche Umstände, die bei Aufnahme von Schriftproben vorhanden waren, z. B. große Erregung des Schreibers, Dunkelheit oder schlechte Beleuchtung, Kälte, Hitze, schlechtes oder ungenügendes Schreibmaterial usw., sind von dem aufnehmenden Beamten in den Akten zu vermerken, namentlich wenn der Schreiber selbst auf die ihn störenden Umstände aufmerksam gemacht hat.

B. Anderes Vergleichungsmaterial.

7. Außer den Diktatschriftproben sind grundsätzlich auch unbeeinflußt entstandene Schriften von der Hand des Beschuldigten zu beschaffen, wie Briefschaften, Notizbücher, Geschäfts- und Haushaltungsbücher, Mietsverträge, Quittungen, polizeiliche An- und Abmeldungen, Stellengesuche und Bewerbungsschreiben, Steuererklärungen, Versäumnisentschuldigungszettel, Beschwerden und Gesuche in Personalakten, Unterschriften in Grundbuchakten[2]) u. dgl. Im Zweifel

---

[1]) Dies muß dann ausdrücklich auf der so entstandenen Schriftprobe vermerkt werden. Es genügt auch, das in schulschriftmäßiger Schreibweise abgeschriebene Schriftstück als Vorlage dem Beschuldigten zum Abschreiben zu geben.

[2]) Nur durch Vermittelung der Amtsgerichte. Unterschriften in Standesamtsregistern können nur als Photokopien beschafft werden

ist die Urheberschaft[1]) sowie der Zeitpunkt (Monat und Jahr) der Niederschrift der abgeforderten Schriftproben festzustellen und in den Akten zu vermerken. Die zu vergleichenden Handschriften sollen möglichst aus derselben Zeit herrühren.

Wird, z. B. bei Urkundenfälschungen, der Name einer bestimmten Person mißbraucht, so ist auch von dieser eine Handschriftprobe (Unterschrift) zu beschaffen[2]).

8. Werden in wichtigen Fällen Durchsuchungen bei verdächtigen Personen nach Handschriftenmaterial notwendig, so ist auf die Sicherstellung des Schreibmaterials besonderer Wert zu legen, namentlich auf Schreibpapier, Blei- und Farbstifte, Tinten, Löschblätter, Stempel[3]), Kopierpapier, Hektographenblätter, Briefumschläge, Schreibübungen auf etwa weggeworfenen Zetteln, zerrissene oder verbrannte Schriftstücke im Papierkorb oder im Ofen, Mülleimer usw.

Als Tintenproben genügen, wenn nicht die Beschlagnahme des ganzen Tintenvorrates angeordnet wird, einige jeweils mit reiner Feder geschriebene Wörter, jede Tintenprobe auf besonderem Blatt Papier.

Hat der Täter herausgerissene Blätter eines Buches oder Teile eines Briefbogens zu dem zu untersuchenden Schriftstück verwendet, so ist nach dem dazugehörigen Buche oder Briefbogenteile zu fahnden[4]).

---

[1]) Da Bewerbungsgesuche, Beschwerden, Mitteilungen usw. vielfach (im Auftrage des Unterzeichneten) von dritten Personen geschrieben werden. Die Ermittlung solcher Schriftproben darf sich nicht bloß auf die Auskunfterteilung des Beschuldigten stützen.

[2]) Um festzustellen, ob und inwieweit die Unterschrift nachgeahmt wurde.

[3]) Stempel werden zuweilen aus Schiefer, Holz, Linoleum oder Sohlenleder geschnitten.

[4]) Bei anonymen Ansichtskarten mit Schmähinhalt ist durch Be-

C. Wann und wie sind Schriftproben zu den Akten zu nehmen?

9. Außer den Fällen einer ausdrücklichen Anordnung sind Schriftproben schon bei der ersten Vernehmung zu beschaffen, wenn vorauszusehen ist, daß die Feststellung eines Schreibers, sei er Beschuldigter oder Zeuge, z. B. bei anonymen Anzeigen, für das Strafverfahren von Wichtigkeit sein kann und wenn zu befürchten ist, daß der Vernommene sich weiteren Feststellungen leicht entziehen könnte, z. B. durch Veränderung des Aufenthalts oder durch Flucht. In allen anderen Fällen ist erst der Bescheid der vorgesetzten Dienststelle einzuholen, ob und von wem Schriftproben aufzunehmen oder einzufordern sind.

10. Um die Schriftvergleichung zu erleichtern, sind *die Schriftproben auf lose Blätter zu schreiben*, die, mit dem Namen des Schreibers versehen, *den Akten in einer Hülle* (Briefumschlag) *beizufügen* sind. Ebenso sind die verdächtigen Schriftstücke, auch anonyme Anzeigen beleidigenden Inhalts, *nicht in die Akten zu heften*, sondern mit den dazu gehörigen Briefumschlägen in eine besondere beigeheftete Hülle zu nehmen[1]). Die zur Vergleichung dienenden Schrift-

---

fragung in Frage kommender Verkäufer (Papiergeschäfte, Ansichtskartenhändler) zu versuchen, den Käufer derselben zu ermitteln.

Haben bei einer Urkunde, die nachträglich verfälscht worden ist, mehrere Personen bestimmungs- oder gewohnheitsgemäß mitgewirkt, z. B. bei Urkunden von Bankgeschäften, bei Frachtbriefen, bahnamtlichen Aufbewahrungsscheinen u. dgl., so ist genau festzustellen und aktenkundig zu machen, wie die Urkunde entstanden und *was* von den einzelnen Personen geschrieben oder mit Namenszeichen versehen worden ist. Dies gilt auch, wenn solche Urkunden als Schriftproben dienen sollen.

[1]) Um sie bei der Vergleichung nebeneinander legen zu können; Urkunden sind auch nicht auf die Aktenblätter aufzukleben.

proben dürfen mit anderen als ihre Herkunft bezeichnenden Vermerken nicht beschrieben werden[1]).

11. Jede Schriftprobe muß den Namen ihres Urhebers enthalten, andere zur Vergleichung beigefügte Schriftproben müssen von deren Urhebern ausdrücklich anerkannt und mit einem entsprechenden Vermerk versehen und numeriert werden.

12. In besonders wichtigen und schwierigen Fällen ist ein Schriftsachverständiger vorher zu Rate zu ziehen.

Sind von demselben Schreiber mehrere anonyme Briefe abgesandt worden und werden noch weitere solche Schreiben erwartet, so ist der Empfänger anzuweisen, sie zunächst uneröffnet der Polizeibehörde (Erkennungsdienst) zwecks Sicherstellung etwaiger Fingerabdrücke einzusenden[2]).

Aufnahme von Schreibmaschinenschriftproben[3]).

1. Die Schriftproben müssen Originale, keine Durchschläge sein.

2. Sie müssen zeitlich nahe an das Datum des fraglichen Schriftstücks heranreichen.

3. Sie müssen die Worte enthalten, die den Inhalt des zu beurteilenden Schriftstückes bilden.

4. Sie sollen außerdem sämtliche Zeichen der Tastatur enthalten.

5. Sie müssen genau bezeichnet werden, und zwar nach Fabrikmarke und -nummer, nach Datum der Aufnahme, Ort und Eigentümer (oder Besitzer).

---

[1]) Selbstverständlich auch kein schriftliches Beweisstück.

[2]) Selbstverständlich dürfen sie verdächtigen Personen deswegen nicht in die Hand gegeben werden.

[3]) Nach Dr. Limmer, vgl. Deutsche Strafrechtszeitung 1921, Heft 7/8.

6. Sie sollen vom Beschuldigten hergestellt werden, um seine individuellen Schreibgewohnheiten erkennen zu können.

7. Sie müssen von demjenigen hergestellt werden, der die Maschine gewöhnlich schreibt, soweit ein Verdächtiger nicht vorhanden ist.

8. Sie sollen auf einem nach Farbe und Beschaffenheit dem Papier des fraglichen Schreibens gleichen oder ähnlichen Papier hergestellt werden.

9. Es soll ein Farbband in der Farbe des zu beurteilenden Schriftstückes verwendet werden.

10. Es muß festgestellt werden, ob die betreffende Maschine nach dem Datum des fraglichen Schreibens einer Ausbesserung unterzogen worden ist und wann, sowie wann zuletzt die Typen gründlich gereinigt worden sind.

Anmerkung. Auch hier müssen dem vorhandenen Beschuldigten die Textschriften diktiert werden, nicht zur Abschrift vorlegen! Neueinsetzen von Typen ist genau festzustellen.

IX. Ratschläge für Verpackung und Versendung von Untersuchungsobjekten.

1. Bei der Verpackung fester Gegenstände ist darauf zu sehen, daß ihre Reibung mit dem Packungsmaterial (Schachteln aus Holz oder Blech oder Gläser) vermieden wird. Als Füllmaterial etwaiger, zwischen dem Objekt und der starren Hülle vorhandener Hohlräume wird am besten trockene reine Holzwolle benützt, das Objekt selbst wird vor dem Einlegen sorgfältig mit reinem (niemals mit bedrucktem[1]) oder sonstwie schon

[1]) Bleispuren und Druckerschwärze der Druckbuchstaben können chemische Untersuchung irrtümlich beeinflussen.

benütztem Papier) umwickelt oder bedeckt. Hierzu eignet sich jede nicht zu starre und nicht fasernde Papiersorte, am besten Filtrierpapier, Seidenpapier, dünnes Pergamentpapier oder leichtes Schreibpapier.

Wichtige Urkunden, insbesondere mit Blei, Farb- oder sogenannten Tintenstiften hergestellte, werden am besten mit der unbeschriebenen, also nicht in Betracht kommenden Seite auf einen glatten Kartondeckel flach gelegt und mit einem aus gleichem Material hergestellten Rahmen derart bedeckt, daß sein dem Umfange der zu untersuchenden Stelle entsprechend groß gewählter Ausschnitt jene unbedeckt läßt. Wird die auf so versorgte Urkunde ein dritter Deckel gelegt und durch entsprechende Verschnürung für eine feste Lage der beiden Schutzdeckel gegen den die Urkunde bedeckenden Rahmen gesorgt, so ist jedes (bei Bleistiftschrift immer gefährliche) Scheuern des Schriftstückes verhindert. Um eine derartige Sicherung auch bei Urkunden, welche sich als Teile eines größeren Ganzen, z. B. Blätter eines Kontobuches, darstellen, vornehmen zu können, müssen diese herausgetrennt werden, was ohne Schädigung der etwaigen Beweiskraft des Objektes wohl in allen Fällen durchführbar sein wird.

2. Flüssigkeiten, z. B. zur gleichzeitigen chemischen Untersuchung mit übersandte Tintenproben, sind womöglich samt dem sie bergenden Gefäße zur Versendung zu bringen. Geht dies aus irgendwelchen Gründen nicht an, so ist deren Abfüllung in vollkommen reine und trockene Gläser vorzunehmen und deren Verschluß durch einen reinen, noch nicht benützten Kork zu bewerkstelligen.

3. Das bei Urkunden oft beliebte Unterstreichen der für die Untersuchung belangreichen Textstellen mit Rot- oder Blaustift soll vermieden werden, da von den hiermit erzeugten Strichen gerne Farbstoffpartikelchen abblättern. Diese verunreinigen dann den Papiergrund oder benachbarte Schriftstellen und machen sich so, namentlich bei Mikrophotogrammen, oft in störender Weise bemerkbar.

4. Bei Urkunden, namentlich größeren Umfanges, die stellenweise im mikrophotographischen Apparate zu untersuchen sind, ergibt sich aus technischen Gründen oft die Notwendigkeit, sie in zwei oder mehrere Teile zerschneiden zu müssen[1]).

Verpackung und Versendung von Leichenteilen[2]).

5. Die zu verwendenden Gläser müssen weithalsig und vollständig rein sein, es werden am besten Konservengläser mit Glasdeckeln, bei anderem Verschluß angefeuchtetes Pergamentpapier benutzt. Versiegelt sollen die Gläser nicht werden, dagegen muß ihre Verpackung auf das sorgfältigste geschehen. Vor allem verwende man zur Sicherung gegen Stoß und Fall zum Ausfüllen der Holzkiste: Holzwolle, Stroh, Häcksel, Gras oder Heu und versehe die Kiste mit Aufschriften, wie: Vorsicht! Glas! Nicht werfen! Oben! Leichenteile! Die Reichspost verlangt, daß Leichenteile voll-

---

[1]) Was aber nicht ohne Einwilligung des Auftraggebers geschehen sollte; dies gilt ganz besonders für Urkundenausschnitte für Tintenaltersbestimmungen.

[2]) Nach R. Braun, Anleitung zur Behandlung von gerichtlichen Überführungsstücken, Tilsit 1913.

ständig undurchlässig in gut verschlossenen, wenn möglich verlöteten Blechbüchsen verpackt werden; der Inhalt muß auf dem Deckel gekennzeichnet werden.

Die Gefäße müssen in der Kiste stets aufrechtstehend verpackt werden, worauf die Aufschrift: „Oben"! hinweisen soll; sie dürfen zur Vermeidung einer Beschädigung infolge Gärung nicht voll gefüllt werden, ausgenommen Flaschen mit Blut, das auf Vorhandensein von Kohlenoxydvergiftung untersucht werden soll.

Leicht verderbliche Stoffe, wie Blut, Samen, Eiter, Schleim, Magen- und Darminhalt usw., müssen mit größter Beschleunigung an den Sachverständigen versandt werden, um eine Vernichtung von Spuren durch forschreitende Fäulnis möglichst zu verhindern. Geruchsempfindliche und sich leicht verflüchtigende Stoffe müssen nicht nur schnell, sondern auch luftdicht verschlossen transportiert und versandt werden. Noch feuchte Blutspuren sollen nicht verpackt werden, da die sich bildenden Spaltpilze die Untersuchung stören.

Kleidungsstücke, welche der Tote nicht getragen hat, dürfen auch niemals mit den Leichenteilen zusammen verpackt werden.

Nach dem Gutachten der „Wissenschaftlichen Deputation für das Medizinalwesen" in Preußen vom 22. Januar 1919 soll bei Versendung von Leichenteilen kein fäulnishinderndes Mittel (Formaldehyd) angewendet werden.

Anmerkung. Bei Ausgrabung von länger liegenden Leichen, die auf Gift zu untersuchen sind, empfiehlt sich auch die Entnahme einer Erdprobe (vom Boden und Oberfläche des Grabes) sowie von Resten künstlich hergestellter Kränze und Metallblätter, die in oder auf dem Sarge lagen, auch ein Stückchen Sargboden.

6. Waffen und Munition sind[1]) stets in einwandfreier Verpackung zu versenden. Schußwaffen müssen entladen sein. Pistolen sind einzeln zu verpacken und gut festzulegen. Die Packkisten müssen — dem Gewicht des Inhalts entsprechend — genügend stark sein. Der Sendung ist jeweils ein genaues Inhaltsverzeichnis beizulegen.

7. Gegenstände, auf denen Finger- und Handspuren zu sichern sind, besonders handelt es sich um Glas aller Art, sind ebenfalls so sorgfältig zu verpacken, damit sie beim Transport feststehen oder fest liegen, nicht zerbrechen und mit anderen Gegenständen nicht in Berührung kommen können. Manche Kriminalisten haben dafür besondere Transportbehältnisse konstruiert oder vorgeschlagen, in denen Gläser und zerbrochene Fensterscheiben sicher aufbewahrt werden können[2]).

X. Seelische Spuren.

Neben den sachlichen (realen) Beweismitteln gibt es auch seelische, die psychologisch zu beurteilen sind. Dahin gehören vor allem die bei Begehung der Tat in Erscheinung tretenden charakterlichen Verhaltungsweisen, insbesondere die Erregungs- und Affektzustände, bei denen reflexive Ausdrucksäußerungen und Begleiterscheinungen jeder Art zu beobachten sind, wie Er-

---

[1]) Nach dem unter I, Ziff. 12 erwähnten Runderlaß vom 21. 10. 1938.

[2]) In meiner „Kriminaltaktik", 4. Aufl. (Lübeck 1933), S. 30 hatte ich einen solchen Spezialkasten abgebildet gebracht. Hans Groß gibt in seinem Handb. f. UR. (S. 733f.) noch einige weitere hierher gehörige Ratschläge. Die von der Mordkommission zum Tatort mitgeführte Utensilientasche (Kommissionskoffer) enthält auch Gläser und Schachteln für die vorübergehende Aufbewahrung kleiner Beweisstücke.

röten, Erbleichen, Weinen, Zittern, Stottern, Stocken in der Sprechweise und Änderung des Stimmlautes, der Gesten und des Mienenspiels. Man darf nicht übersehen, daß es einfache oder normale und krankhafte Affekte gibt. Beim einfachen Affektzustand bestimmen die Gefühle nicht den Charakter des Affektes selbst; das Gefühl ist, wie der Affektzustand, nicht dauernd, sondern vorübergehend; wichtig ist aber sein Stärkegrad und seine Dauer. Für die verhältnismäßig langsamer verlaufenden und ein mittleres Maß der Intensität nicht überschreitenden seelischen Vorgänge wenden wir den Ausdruck „Stimmung“ an. Unter Affekt verstehen wir eine zeitliche Folge von Gefühlen, die sich zu einem zusammenhängenden Verlauf vereinen und auf den Menschen als den Träger dieser Gefühle regelmäßig eine stärkere Wirkung ausüben als das Einzelgefühl bestimmter Art. Die uns allen geläufigen Formen sind. Freude, Trauer, Ärger, Zorn, Furcht, Kummer, Sorge u. dgl. Wie jede Ausdrucksbewegung, so ist auch der Verlauf einer Stimmung und eines Gefühlsausbruchs oder Affekts individuell verschieden, ja sogar in Art und Erscheinung bei demselben Menschen niemals gleich, sondern nur ähnlich wiederkehrend anzutreffen. Wir achten gewöhnlich nicht darauf, oder es fehlt uns meistens an genügender Beobachtungszeit und Vergleichungsmöglichkeiten, so daß wir schwer das Wesentliche solcher seelischen Veränderungen erkennen und bestimmen können. Was uns aber gelingt, das ist die Beschreibung der tatsächlichen Erscheinungen in der Außenwelt. Sie sind nicht nur während der Tat, sondern auch während der Vernehmung der Tatzeugen und des (wahrscheinlichen) Täters zu beobachten und für die Beurteilung und weitere Schlußfolgerungen wichtig, so daß es sich allemal empfiehlt, sie in Aktenvermerken festzuhalten, selbst auf die Gefahr hin, gelegentlich eine falsche Beobachtung gemacht und vermerkt, d. h. einen seelischen Vorgang auch einmal unrichtig eingeschätzt und beurteilt zu haben. Der vernehmende Beamte hat aber grundsätzlich nur das wirklich Beobachtete zu vermerken und soll den möglicherweise daraus zu ziehenden Schluß vermeiden. Er soll also z. B. vermerken, daß der Vernommene beim Vorhalt der Beschuldigung .... oder der Aussage des Zeugen ...., oder des festgestellten Widerspruchs .... erbleichte, errötete, erregt wurde, zornig aufsprang, eine drohende Haltung annahm, zitterte, den Ausruf .... tat u. dgl., ohne aber den vielfach falschen Schluß daran zu knüpfen, daß dies ein Beweis seiner Schuld sei. Was er auf den einzelnen Vorhalt äußerte, wird ja in der wörtlich niederzuschreibenden Aussage näher festgehalten werden können; aber wie er sich dabei verhalten hat, wie er charaktermäßig darauf reagierte, ist in allen wichtigen Untersuchungsfällen selbstverständlich auch wertvoll und soll regelmäßig nach Fertigstellung der Aussagenniederschrift in einem besonderen Schlußbericht oder Vermerk festgehalten werden.

Als affektbegleitende Erscheinungen hat man eigenartige Puls- und Atembewegungen beobachtet und sie mit Hilfe besonderer Aufnahmegeräte festzustellen und zu deuten versucht, aber doch nicht mit der Sicherheit, wie manche in ihren Vorschlägen dargestellt haben.

Anmerkung. Vergleiche dazu Näheres in meinem Werk „Verheimlichte Tatbestände und ihre Erforschung", 2. Aufl., Lübeck 1943.

Unsere Vorfahren legten vor 100 Jahren in ihren sogenannten „Gebärdenprotokollen" einen besonderen Wert auf die bei der Vernehmung und Gegenüberstellung, sowie beim Geständnis zu beobachtenden Gebärden, Gesten, Minenspiel und Gemütserregungen. Sobald wir von einer schablonenmäßigen Bearbeitung von Strafsachen Abstand nehmen und mehr die charakterlichen Triebfedern und Motive aufspüren wollen, um zu einer individuellen Sachbeurteilung und Sühne gelangen zu können, müssen wir auf die Beobachtung und Festlegung solcher seelischen Spuren Wert legen.

XI. Beschlagnahme und Durchsuchung.

A. Abgenommene Gegenstände[1]).

1. Alle Personen, die zur Einlieferung an die Kriminalpolizei oder in den Polizeigewahrsam oder auch zu ihrer eigenen Sicherheit vorübergehend in einem Polizeirevier in Haft gehalten werden, sind baldigst gründlich zu durchsuchen. Hierbei ist insbesondere darauf zu achten, ob die Festgenommenen Gelder oder Gegenstände, die auf eine strafbare Handlung schließen lassen oder einen Selbstmord erleichtern (Gift), bei sich führen. Bei Männern ist die Durchsuchung sofort nach der Festnahme, bevor der Transport stattfindet, vorzunehmen; bei weiblichen Personen ist zu warten, bis sich Gelegenheit findet, sie durch eine geeignete Frau durchsuchen zu lassen. Die Verpflichtung der Beamten des Kriminalkommissariats, die Eingelieferten alsbald zu durchsuchen, wird hierdurch nicht aufgehoben,

2. Festgenommene Personen ist nicht zu gestatten, von dem mitgeführten Gelde noch etwas unnütz auszugeben, da in vielen Fällen, z. B. bei versuchter Bestechung, der angebotene Betrag an das Gericht abgeliefert werden muß.

[1]) Die Abschnitte A und B sind nach älteren Dienstanweisungen der Berliner Polizei bearbeitet.

3. Alle abgenommenen Gegenstände sind zu einem haltbaren und festverschlossenen Paket zu vereinigen, welches äußerlich mit dem deutlich geschriebenen Namen des Eigentümers und mit der Angabe der einzelnen darin befindlichen Gegenstände zu versehen ist. Diese sind so genau zu beschreiben, daß jeder spätere Zweifel über die Identität ausgeschlossen ist[1]).

4. Mit der vorschriftsmäßigen Verpackung und Bezeichnung sind die Gegenstände dem Transportwagenführer zur Abgabe an die Einlieferungsstelle zu übergeben[2]).

5. Ausweispapiere, auch falsche, sind nicht mit den übrigen Sachen zu verpacken, sondern der Einlieferungsanzeige beizufügen und bei Einlieferung in das Untersuchungsgefängnis dort anzugeben. Zu den Akten sollen Ausweispapiere nur genommen werden, wenn sie für das Strafverfahren von Bedeutung sind.

6. In Verwesung übergegangene Gegenstände sind nicht mit einzuliefern, sondern nach gehöriger Feststellung ihrer Beschaffenheit zu vernichten.

Anmerkung. Zur Vermeidung von ungerechtfertigten Reklamationen von Gegenständen, die Gefangenen angeblich von den Polizeibeamten abgenommen worden sind, sind sämtliche Sachen, die im Besitze der Betreffenden gefunden werden und einen gewissen Wert darstellen, auf der Einlieferungsanzeige einzeln zu verzeichnen, und zwar getrennt, je nachdem es sich um Gegenstände handelt, die zur Person

---

[1]) Vgl. § 109 StPO.

[2]) In ähnlicher Weise sind alle bei Leichen von Selbstmördern und Verunglückten gefundenen Gelder Papiere und sonstigen Gegenstände sicherzustellen; hierzu gehören auch etwa vorgefundene Umhüllungen von Leichen (insbesondere Kindesleichen), die unter Umständen als Überführungsstücke dienen können. Selbstmörderbriefe sind grundsätzlich — unter Heranziehung von Schriftsachverständigen — auf ihre Echtheit zu prüfen, ehe sie Angehörigen ausgehändigt werden.

gehören, und um solche, die als Beweisstücke bei den Akten bleiben. Diese Verzeichnisse sind bei der Ablieferung des Gefangenen bei der Kriminalpolizei und im Polizeigefängnis von einem diensthabenden Beamten zu prüfen und mit Richtigkeitsvermerk zu versehen.

B. Beschlagnahmte Gegenstände.

(Vgl. §§ 94, 95, 97, StPO.)

Wenn die mit Beschlag belegten Gegenstände so zahlreich sind, daß die Ausführung im einzelnen Schwierigkeiten bietet, z. B. bei einem Warenlager oder bei einer großen Menge von Briefschaften und Schriftstücken, müssen die beschlagnahmten Sachen an Ort und Stelle in abgesonderten, hinreichend sichergestellten Räumen versiegelt oder in Körbe oder Kisten verpackt und versiegelt befördert werden. Diese Siegel sind in Gegenwart des Beschuldigten oder eines ihm zu bestellenden Vertreters zu öffnen, falls noch Verfügungen über die betreffenden Gegenstände getroffen werden und solche nicht sofort im versiegelten[1]) Zustande an das Gericht abgeliefert werden sollten.

Die polizeiliche Beschlagnahme von Gegenständen, die in Privatwohnungen belassen werden, sowie die polizeiliche Schließung von Wohnungen usw. ist dadurch äußerlich erkennbar zu machen, daß an der beschlagnahmten Sache oder am Eingange der geschlossenen Wohnung eine entsprechende Aufschrift unter Angabe des zuständigen Polizeireviers angebracht wird (mit Revierstempel, Datum und Unterschrift des Reviervorstandes oder Siegelmarke versehen).

Bei Einlieferung von Personen, die unter Vergiftungserscheinungen erkrankt sind, in Krankenhäuser ist ein

[1]) Entsprechend § 110 StPO.

Teil der etwa beschlagnahmten Giftreste dem Krankenhause unter ausdrücklicher Bezeichnung als „Gift" mit zu übersenden[1]).

Bei Todesfällen infolge falscher ärztlicher Behandlung oder Behandlung durch eine ärztlich nicht vorgebildete Person sind die mit Beschlag zu belegenden Rezepte und Arzneimittel den Berichten an die Staatsanwaltschaft beizufügen.

Werden leicht verderbliche oder in Fäulnis übergehende Gegenstände beschlagnahmt, deren Zustand die Einholung der Erlaubnis der Kriminalpolizei zum Verkaufe nicht mehr zuläßt, so ist das Einlieferungsrevier nicht nur befugt, sondern sogar verpflichtet, diese Gegenstände sofort meistbietend zu versteigern und das Ergebnis sowie den Erlös nachträglich der Kriminalpolizei mitzuteilen.

C. Die Durchsuchung[2]).

1. Nach was ist zu suchen?

Nach Gegenständen, die zur Vorbereitung, Ausführung oder Verheimlichung des Verbrechens gedient haben können, je nach der Tat also z. B. nach Mordwerkzeugen, Briefschaften und Aufzeichnungen, die über die Motive der Tat oder über Mittäter Aufklärung verschaffen können, Notizbüchern mit Adressen und Tatortskizzen, Kalendernotizen; nach Einbruch- und Falschmünzerwerkzeugen[3]),

[1]) Das Krankenhauspersonal ist darauf hinzuweisen, daß Erbrochenes und Stuhlgang für die gerichtsärztliche und chemische Untersuchung zu verwahren ist, mit entsprechender Kennzeichnung.

[2]) Beispiele und Ratschläge nach der Praxis. Vgl. hierzu auch Weingart, Kriminaltaktik, Leipzig 1904, S. 67ff.

[3]) Bei Münzfälschern und Herstellern unsittlicher Bilder vorgefundene (verpackte) photographische Platten dürfen erst in der Dunkelkammer geöffnet werden.

nach Versuchsobjekten aller Art; ferner nach rechtswidrig hergestellten Gegenständen, z. B. Falschgeld, unsittlichen Bild- und Schriftwerken[1]), nach urheberrechtsverletzenden Nachahmungen und dergleichen; schließlich nach Gepäckscheinen bahnamtlicher Aufbewahrungsstellen, die als Versteck von Diebstahlgut und Einbruchwerkzeug vielfach mißbraucht werden, ebenso nach Pfandscheinen.

2. Wo und wie ist zu suchen?

In Wohnungen und in den (aus dem Mietvertrag ersichtlichen) Zubehörräumen, wie Kellern und Bodenräumen, Stallungen, Lauben, Lagerplätzen; ferner in Möbelstücken und Berufsgerätschaften; schließlich Durchsuchung der Person des Verdächtigen selbst. Die Beantwortung der Frage hängt aber auch eng zusammen mit der Straftat selbst und insbesondere damit, ob umfangreiche oder kleine und kleinste Gegenstände (z. B. Geld, Schmucksachen, Brillanten, Schriftstücke) zu suchen sind. Dem Täter, der zum Verstecken der Beweisgegenstände Zeit hat oder der, wie beim Schmuggel, auf das Verstecken angewiesen ist, steht je nach seiner Erfindungsgabe ein reiches Betätigungsfeld für seine Kunstgriffe offen.

Auch der Erfahrenste muß überlegen, wo und nach welchen Gesichtspunkten er suchen muß, wenn er bei der ersten oberflächlichen Durchsicht das Gesuchte nicht gefunden hat. Er muß sich sagen, daß kleine und kleinste Gegenstände an sehr vielen Stellen einer Wohnung und der dazu gehörigen Nebenräume und Nebengebäude

[1]) Siehe Anm. 3 Seite 96.

versteckt werden können, daß jeder Hohlraum, auch der kleinste, einmal zu einem Versteck gewählt sein kann. Es ist daher unmöglich, sie alle aufzuzählen. Wenn aber trotzdem nachstehend schon eine ganze Menge von Versteckmöglichkeiten alltäglicher und seltenster Art aufgeführt wurde, wie sie aus der Praxis gesammelt wurden, so soll damit eben auf die unbeschränkte Reichhaltigkeit der Verstecke hingewiesen werden und zu einer gründlichen Durchsuchung anregen, wenn der Suchende nicht gerade ein geborener Kriminalist ist. Es kommen manchmal die unwahrscheinlichsten Verstecke vor, die ein vernünftiger Mensch gar nicht wählen würde; z. B. wurden gestohlene Geldscheine auf dem Boden einer (in der Garage stehenden) Zinnkanne unter einer Ölschicht gefunden[1]). Man denke z. B. auch daran, wie leicht eine einzige alte Briefmarke, die aus einer Briefmarkensammlung gestohlen wurde und Hunderte Mark wert sein kann, in dem gemachten Schlitz einer Tapete versteckt und wie schwierig sie bei einer Durchsuchung dort gefunden werden kann. Wie sollte der Diebstahl nachgewiesen werden können, wenn das überführende Beweisstück beim Täter nicht gefunden wird? Also müßte in solchen Fällen auch die Tapete auf verdächtige Stellen untersucht werden, unverdrossen darüber, wie außerordentlich schwierig das in der Praxis sein kann.

Geschieht also das Verstecken mit Überlegung, dann muß auch das Suchen so durchgeführt werden. Nicht selten spielt dabei der Beruf des Versteckenden eine Rolle; z. B. können als Versteck bevorzugt werden:

---

[1]) Vgl. meinen Bericht im „Arch. f. Krim.“, Bd. 109, S. 26.

Holzgegenstände und Fußböden vom Tischler, Mauerwerk vom Bauhandwerker, Musikinstrumente vom Musiker, das Erdreich vom Gärtner und Laubenbesitzer, Bücherschrank und Bücher vom Bücherliebhaber und Gelehrten.

Je nach der Art des Versteckens und Verbergens kann man unterscüeiden:

a) Das Verstecken in Möbel- und Kleidungsstücken, ohne besondere Veränderung oder Herrichtung des Versteckortes.

b) Das Verbergen in künstlichen Höhlungen von Möbelstücken, mitgeführten oder zu versendenden Gebrauchsgegenständen, Lebensmitteln und Kleidungsstücken.

c) Das Verbergen in natürlichen Höhlungen des Körpers.

d) Das Verstecken in Transportmitteln und Verwahrungsstellen.

e) Das Einnähen.

f) Das Vergraben und Versenken.

g) Das Einmauern.

h) Das Verbergen unter aufzuklebenden Marken jeder Art.

i) Bei Schriften außerdem Anwendung unsichtbarer Schreibflüssigkeiten.

k) Das Verbergen flüchtiger Menschen und von Leichen und Leichenteilen.

Im einzelnen sei zu obigen Versteckarten noch folgendes bemerkt:

Zu a: Beispiele für Verstecke in Wohn- und Zubehörräumen, sowie Möbelstücken und Gebrauchsgegenständen:

Große und mittlere Hohlräume enthalten: Schränke, auch Kühlschrank, Kästen, Kisten u. Kannen jeder Art, Truhen, Koffer, Einholtaschen, Reise- und andere Körbe, Schubladen, beim Schreibtisch besonders auf Geheimfächer achten, Betten, Matratzen, Kinderwagen, Kinderpuppenwagen, Klavier und andere Musikinstrumente, elektrische Gebrauchsgegenstände, wie Staubsauger, Höhensonne, Föhn; ferner Jagdwaffen, Nagelkasten, Schmuck- und Nähkästchen, Nähmaschine, Ofen, Ofenrohr, Kamin, Sopha, Flaschen, Trinkbecher und -gläser, Gips- und Tonfiguren (Statuen), hohle Gardinenstangen und Metallbettpfosten, Küchen- und Tafelgerät, Blumenvasen und -töpfe, auch gefüllte, Kochtöpfe, auch gefüllte, Krankenbett (eines Angehörigen, da Krankheit von Frauen manchmal vorgetäuscht werden; nötigenfalls nach Befragung des Arztes), Podium, Treppenstufen usw.

Kleine und kleinste Hohlräume enthalten: Kinderspielzeug, Radio- und Telephonapparat, Spiegel- und Bilderrahmen, Nippsachen, Nadelkissen, Abreißkalender, Wand- und Standuhren[1]), Taschenuhren, Barometer, Thermometer, Schirme, Tabakpfeifen, Schreibwerkzeug, Löscher und Löschblattunterlagen, Stempel, Füllfederhalter und -bleistifte, Reh- und Hirschgeweihe, ausgestopfte Vögel und Tiere, Medizinflaschen und -schachteln, Streichholz- und andere kleine Schachteln, Nähspulen und -rollen, Leuchter, Bücher, Stockzwingen und

[1]) Den an Wänden stehenden und hängenden Gegenständen muß stets besondere Beachtung geschenkt werden, hinter Möbelstücken, Regalen, Badewannen usw. auf gespannte Schnur achten, an der Verstecktes aufgehängt sein kann. Auf etwaige Notizen oder Zeichen in Kalendern achten.

-griffe, Fahrradpumpe, Verschlußstücke von Flaschen und Behältern jeder Art.

Umhüllungen: Postfertige Briefe und Pakete, Kleidung und Umhüllung von Kleinkindern und Säuglingen, Verbände jeder Art.

Nebenräume: Hof, Stall, Scheune, Schuppen, Speicher, Trocken- und Hängeboden, Keller, Laube und Gartenhaus, Waschküche, Abort u. dgl. Hier sind zu durchsuchen: Fensterläden, Stallkrippen, Gartenstandfiguren, Dachrinnen, Lege- und Brutkorb der Hennen, Stein- und Düngehaufen (-gruben), Strohschober und -dächer, Kartoffel- und Rübenmieten, Holz- und Briketthaufen usw.

Zu b: Herrichten von besonderen Verstecken durch Aushöhlen von Tisch- und Stuhlbeinen sowie Bettpfosten, Achseltraghölzern, Holzbein, Krücken, Spazierstock, Holzrücken von Bürsten, Stiefelsohlen und -absätzen, Lebensmitteln, wie Brot und Kuchen (hier auch durch Einbacken!), Käse, ferner Seife, Kitt, ausgehöhlte Kerzen, Korken u. dgl.; in Bleistift und in Buntstiften, deren Kern leicht herauszuschieben ist, in abschraubbaren Metallknöpfen, in Stock- und Schirmgriffen sowie in deren Endspitzen, in ausgehöhlten Bilderrahmen und Gardinenstangen, in den Quasten von Schirmen (insbesondere im Hohlraum des Quastholzteiles), in Griffhülsen von Koffern und Reisehandtaschen, in ausgehöhlten (größeren) Geldstücken, in fingierten Watte- und Gipsverbänden, in künstlichen Gliedern und falschen Höckern, Bruchbändern, in Papierbindfaden, in Kopfbedeckungen, Perücken, Bart- und Kopfhaar, in Schnürsenkeln, im Innern von Kragen, Vorhemd, Krawatten, Kleider- und

Wäschesaum, Hemdfalten, Hutbändern, Manschetten und Korsetten, in Handschuhfinger- und Strumpfspitzen, in Fächern und Blumensträußen, in Kisten, Wagen und Koffern (aller Art) mit doppeltem Boden, in (Benzin-) Feuerzeugen, im Taschenuhrgehäuse, im Einwickelpapier (fertiger Pakete), in Blechdosen und -röhren innerhalb von Fässern, in falsch signierten Konservenbüchsen, in Früchten und Nußschalen, in Brieftaschen mit Geheimfächern, in geheimen Ärmeltaschen, in hohlen Schlüsseln, in Bücherrücken und Buchdeckeln[1]), in Zigarrenspitzen (abschrauben!) und Zigarettenhülsen, Hülsen von Taschenkämmen, in Garnrollen, unter dem Deckblatt von Zigarren, in Schmugglerwesten (z. B. zur Beförderung von Arzneimitteln, Saccharin) usw.[2]).

Zu c: Verbergen kleiner Gegenstände (namentlich von geheimen Mitteilungen auf Seidenpapier) in Ohren, Nase, Mund und sonstigen Körperhöhlungen[3]) und Falten, unter langen Fingernägeln, hinter der Gaumenplatte eines Gebisses, in hohlen Zähnen, Aufnahme (insbesondere von Geldstücken und Brillanten) in Schlund und Magen, auch Spionagemitteilungen auf dünnem Papier, das in Kugeln aus Guttapercha oder Horn eingelassen ist und so verschluckt werden kann (Abführmittel und Röntgendurchleuchtung!).

Zu d: Auf Schiffen und in Eisenbahnwagen werden (an besonders verabredeten Stellen) Schriftstücke, auch

---

[1]) So sind z. B. schon kleine Sägen als Ausbruchswerkzeuge in das Gefängnis eingeschmuggelt worden.

[2]) Schmuggler haben ihre besonderen Tricks, z. B. versuchten sie in einem Trauergeleit oder mit Orchesterbegleitung Waren über die Grenze zu schmuggeln, auch als Priester verkleidet.

[3]) Auch After und Scheide.

Saccharin und chemische Heilmittel über die Grenze geschmuggelt.

Als Verstecke für Diebesbeute (auch Einbrecherwerkzeuge) sind wiederholt bahnamtliche Aufbewahrungsstellen gewählt worden, häufiger noch die Pfandleihanstalten, daher auf Gepäck- und Pfandscheine besonders achten; auch öffentliche Denkmäler und Grabstätten wurden schon zum Versteck gewählt.

Zu e: Eingenäht wurden Gegenstände (insbesondere Schmuggelschriftstücke, Kassiber, Banknoten, Brillanten) in Rock- und Ärmelfutter, in Knöpfe (mit Stoffbezug), in Achselpolsterungen von Anzügen und Überziehern, in Hosenböden, Hemd, Unterrock, Korsett usw. Durch Näharbeiten unter Anwendung des Morsealphabetes können Gefangenen auch Mitteilungen zugesteckt werden[1]).

Zu f: Sind Sachen im Keller oder Freien vergraben worden, so werden verdächtige Stellen mit Wasser reichlich begossen, das in die frisch gegrabenen Stellen schneller einsickert und Luftblasen aufsteigen läßt. Ist der Boden gepflastert, so wird an verdächtigen Stellen das Wasser in die Fugen gegossen und (wie zuvor) beobachtet. Beim Vergraben unter Fußböden müssen verdächtige Stellen (mit der Lupe) untersucht werden auf Spuren einer neuen Nagelung (frischen Bodenanstrich beachten!). Bei Parkettboden werden verdächtige Stellen durch Prüfung der Festigkeit untersucht, herausgenommene Teile eines Parkettfußbodens verlieren beim Wiedereinsetzen ihre frühere Festigkeit und hinterlassen auch

---

[1]) Vgl. meine Kriminaltaktik, wo S. 224 über einen lehrreichen Fall berichtet wird.

Spuren der Bearbeitung. In den Fugen fehlt der Ritzenschmutz.

Beim Versenken in Gewässern kommt Absuchen durch Fischer und Taucher in Frage.

Zu g: Liegt der Verdacht der Einmauerung vor, dann müssen die betreffenden Stellen abgeklopft und je nach dem Hohlklange näher untersucht werden; dabei sind frisch angestrichene oder neu tapezierte Stellen (Wände freimachen!) besonders zu beachten.

Zu h: Unter aufzuklebenden Brief-, Reklame- und Rote-Kreuz-Marken, unter Reklamemarken der Hotels auf Reisekoffern, insbesondere geheime Mitteilungen.

Zu i: Unsichtbare Schriftzeichen, die nach dem Empfang sicht- und lesbar gemacht werden sollten, wurden angebracht auf Zigarettenpapier, Taschentüchern und Wäschestücken sowie Banknoten und Wertpapieren, selbst auf der Körperhaut. Jedes Papierknäuelchen, das versteckt aufgefunden wird, ist verdächtig und genau zu untersuchen, wenn nötig, durch Sachverständige.

Wenn diese Versteckmöglichkeiten, die je nach der Art und Wichtigkeit der zu suchenden Beweisstücke mehr oder weniger sorgfältig zu beachten sind, auch schon reichhaltig genug sind, ist es doch unmöglich, sie irgendwie erschöpfend aufzuzählen. Die obigen Beispiele aus der Praxis genügen aber wenigstens zu einer zweckentsprechenden und anregenden Belehrung der Beamten.

Zu k: Dreifach unterscheidet sich das Versteck des flüchtigen Menschen: Erstens versucht er im Getriebe der Großstadt unterzutauchen und wechselt ständig seinen Aufenthalts- und Nächtigungsort; zweitens hält er sich außerhalb seiner bisherigen Wohnung auf, findet

Unterschlupf bei Verwandten, Bekannten (Geliebte, Prostituierte, gleichgesinnten Genossen usw.), oder er nächtigt in Scheunen, im Wald, in Strohmieten, Höhlen u. dgl.

Drittens: Der Gesuchte hält sich zwar noch im Hause auf, versteckt sich aber nur notdürftig, weil er zu einem besseren Versteck, besonders außerhalb seiner Wohnung zum Versteck keine Zeit mehr hat. Und diese Gruppe der möglichen Verstecke kommt hier vor allem in Frage. Vielfach handelt es sich um leicht auffindbare Verstecke, wie sie allgemein mit Vorliebe aufgesucht werden, wie im Bett, unter dem Bett, im Kleiderschrank, Reisekorb, Truhe, Hängeboden, Abort, in sonstigen Nebenräumen, Speicher, Keller, unter schmutziger Wäsche, Papierhaufen, Holzstapel u. dgl. Manchmal versucht er es, in einer Verkleidung während der Durchsuchung zu entwischen oder aus dem Hinterausgang, aus dem Fenster, über den Balkon zu entkommen, so daß stets die Aufstellung von Beobachtungsposten erforderlich ist.

Für das Suchen nach versteckten Leichen und Leichenteilen sind die bereits bekannt gewordenen Tatumstände entscheidend, wobei die Erfahrungen aus den Lehren der Kriminalgeschichte mitsprechen. Sind dabei größere Suchaktionen, z. B. zum Auffinden jugendlicher Opfer eines Lustmörders, in größerem Gelände (Getreidefelder, Buschwerk und Waldungen) nötig, dann sind die Mitwirkenden auf das unbedingte Unberührtlassen des entdeckten Opfers wiederholt hinzuweisen. Bei jeder verschwundenen Leiche ist zuerst an das Vergraben, Werfen in stehendes oder fließendes Gewässer und an das Verbrennen zu denken[1]).

[1]) Über zwei Fälle seltener Leichenbeseitigung habe ich im „Arch. f.

Bei Durchsuchungen von Wohn- und Zubehörräumen sollen selbstverständlich stets mehrere Beamte mitwirken, damit der Verdächtige nichts während der Amtshandlung heimlich entfernen kann, auch Türen und Fenster von außen genügend beobachtet werden können. Es empfiehlt sich jedenfalls, vorher eine planmäßige Rollenverteilung zu bestimmen, besonders wenn es sich um größere Räumlichkeiten und wichtige Suchgegenstände handelt.

In manchen Fällen muß die (erfolglose) Durchsuchung wiederholt werden, wenn zu vermuten ist, daß der Beschuldigte in Erwartung einer Durchsuchung die gestohlenen Sachen an einen Ort (z. B. Pfandleihe, bahnamtliche Aufbewahrungsstelle, Laubengelände usw.) verbracht und später wieder zurückgeholt hat.

XII. Fingierte Spuren und Beweisstücke.

Jene Fälle, in denen der Täter nach Entdeckung des Verbrechens die Ermittelungsbehörden auf falsche Spuren zu lenken versucht; insbesondere durch anonyme Anzeigen, sind nicht selten; seltener und wegen ihrer stärkeren Irrtumserregung um so wichtiger sind aber fingierte Spuren, die der schlaue Verbrecher vor oder gleich nach der Tat herstellt. Er bereitet gewissermaßen seinen „Entlastungsbeweis" vor. Hierher gehören vor allem:

1. Änderung des Aussehens: Der Täter tritt unter falscher Maske auf, um die Wiedererkennung durch Zeugen zu erschweren oder unmöglich zu machen; die

Krim.", Bd. 107, S. 36 und Bd. 104, S. 122, berichtet; vgl. auch Bd. 104, S. 117—121.

Veränderung kann vor oder nach der Tat erfolgt sein. Über die hier angewendeten Gaunerpraktiken ist zu vergleichen Groß, Handbuch für Untersuchungsrichter, VIII. Abschnitt.

2. Fingierte Fußspuren: Der Täter ändert Schrittweite oder Gangart, verwendet fremde Schuhe[1]), auch zu große oder zu kleine, geht rückwärts vor, bindet sich fremde Schuhe vielleicht sogar verkehrt auf die Füße oder umwickelt die Schuhe mit Tüchern, um vergleichungsfähige Fußspuren zu vermeiden. Der unsichere Gang, die ungleiche Art der Schuheindrücke und schließlich Spuren der Befestigungsmittel in weichem Boden sind zu beachten. Je zahlreicher und deutlicher die Spuren sind und je aufdringlicher sie wirken, desto vorsichtiger sind sie zu bewerten.

3. Fingierte Fingerabdrücke: Die Entfernung etwa hinterlassener Fingerabdrücke, z. B. bei Geldschrankeinbrüchen durch nachträgliches Abwischen der berührten Stellen, ist nicht immer ausgeschlossen. Sollten auffallend klare Fingerabdrücke vorgefunden werden, die augenscheinlich nicht als zufällig hinterlassene Fingerabdrücke gelten können, vielmehr in mechanischer Weise abgedrückt zu sein scheinen, so kann es sich nur um fingierte Abdrücke zur Irreführung handeln[2]). Es könnte sich bei der Umständlichkeit der Übertragung solcher künstlichen Fingerabdrücke allerdings nur um ganz seltene Fälle handeln. Auffällig wäre allemal eine künstliche „Aufdringlichkeit" der Spur.

[1]) Täuschung leicht möglich, wenn sie unbemerkt wieder an die richtige Stelle gestellt werden konnten.

[2]) Näheres siehe im Abschnitt IV.

4. Untergeschobene Schriftproben: Zur Irreführung der Sachverständigen können vom Täter Schriftproben dritter, ganz unbeteiligter Personen als eigene anerkannt oder bereitgelegt werden, um sie bei einer Durchsuchung vorzufinden und als Beweisstücke beschlagnahmen zu lassen. Manchmal sind es Angehörige — des gerade abwesenden Verdächtigten —, die falsche Schriftproben zu liefern versuchen. Daher müssen von dem Verdächtigen in jedem Falle neben unbefangen entstandenen Schriftproben auch Diktatschriftproben aufgenommen werden.

5. Nach Vordatierung werden gefälschte Briefe oder sonstige Urkunden zur Glaubhaftmachung ihrer Echtheit in echte, mit Poststempel versehene Briefumschläge gelegt. Vergleichung der Tinte, der Schrift, der Druckspuren des Poststempels auf dem einliegenden Briefpapier.

6. Beim fingierten Einbruch oder Raubüberfall verwickelt sich das angebliche Opfer leicht in Widersprüche, die Art der Fesselung, die sich der Beamte rekonstruieren läßt, ist unwahrscheinlich, wie auch im übrigen manche unechte, weil kriminaltechnisch falsche Tatbestandsmerkmale auffallen werden, z. Bsp. die Scherben eines angeblich eingeschlagenen Fensters oder die Bohrspuren auf der falschen Seite.

7. Jeder falsche Alibibeweis ist die Vorbereitung eines fingierten Entlastungsbeweises. Außer falschen Alibizeugen kommen hier vor: Eiliges Erscheinen des Täters an einem bestimmten Ort, um sich glaubwürdige Alibizeugen zu verschaffen, denen er sich aufdringlich nähert und sie in Gespräche verwickelt; Absenden von Briefen oder Ansichtspostkarten von auswärts durch Vermittlung dritter Personen usw.

XIII. Was ist bei Anforderung von Polizeidiensthunden zu beachten?

Soll zur Aufklärung von wichtigen Straftaten ein Kriminaldiensthund herangezogen werden, so beachte man folgendes, was für die Arbeit des Hundes von ausschlaggebender Bedeutung sein kann:

1. Wann ist die Tat geschehen?
2. Wie war die Witterung seit der Tat (Regen, Schnee, Frost)?
3. Sind Fußspuren vorhanden?
4. Hat der Täter Gegenstände zurückgelassen, an welchen dem Hunde Witterung gegeben werden kann?
5. Ist der Tatort nach der Tat schon viel betreten worden und ist der Tatort genügend abgesperrt?
6. Sind die vorhandenen Spuren sorgfältig gegen Zertreten und gegen Witterungseinflüsse durch Zudecken mit möglichst geruchlosen Stoffen geschützt worden?
7. Sind die Witterungsgegenstände unberührt geblieben?

Von der Beantwortung dieser Fragen, auf die jeder Polizeihundführer Wert legen muß, hängt es ab, ob die Entsendung eines Polizeihundes Erfolg verspricht oder nicht und daher ausgeführt werden kann oder unterbleiben muß. Außerdem ist die Anforderung eines Polizeihundes geheimzuhalten, damit nicht etwaige Spuren unbrauchbar gemacht werden, sei es vom Täter, seinen Anhängern, oder sei es von der sich ansammelnden Menschenmenge. Auch soll das Ersuchen um Entsendung eines Polizeihundes gleich darüber Auskunft geben, welche Straftat oder sonstiger Anlaß (z. B. Aufspüren einer vermißten Person) vorliegt, wo die nächste Bahnhaltestelle ist, ob der Beamte mit Hund im Wagen abgeholt wird oder wo sich der Beamte zu melden hat und schließlich, wer die Kosten der Entsendung trägt.

XIV. Winke für ein richtiges Verhör.

Was muß der vorsichtige Kriminalist bei der Vernehmung von Zeugen und Beschuldigten beachten?

1. Die Anwendung von Zwangsmitteln, um Geständnisse oder Aussagen zu erpressen, ist nach § 343 StGB. strafbar. Geständnisse sind zur Glaubhaftmachung umständlich nachzuprüfen und in geeigneter Weise zu sichern (in Zeugengegenwart wiederholen lassen und protokollarisch niederlegen).

2. Die Anwendung von kriminaltaktischen Hilfsmitteln zur Erzielung eines Geständnisses bei Überführung eines leugnenden Täters müssen wohldurchdacht und einwandfrei sein; gegen die Kraft der Logik und Überzeugungskunst kann niemand etwas einwenden.

3. Unter vier Augen wird mitunter leichter eingestanden als unter zehn.

4. Versprechungen, die man nicht halten kann oder darf, soll man auch nicht machen.

5. Suggestivfragen sind zu vermeiden, weil sie zu ganz falschen Beantwortungen und Schlußfolgerungen führen können.

6. Kinderaussagen sind mit größter Vorsicht zu bewerten, namentlich bei Sittlichkeitsverbrechen.

7. Die Nachprüfung der Glaubwürdigkeit und Wahrnehmungsfähigkeit eines Zeugen ist zulässig und in manchen Fällen geboten (§§ 68, 68a StPO.). Wieder-

erkennungszeugen müssen den Verdächtigten aus einer Reihe von Personen herausfinden können (sogen. Wahlkonfrontation).

8. Ziehe keine falschen Schlüsse aus einem erregten Verhalten eines Verdächtigten, aus seinem Erbleichen oder Erröten, weil das Ausdrucksformen des Charakters und der Veranlagung sind, aber keine Schuldbeweise und leicht auch bei unberechtigt in Verdacht gezogenen Menschen auftreten können.

9. Erkläre nicht etwas als zweifellos oder bestimmt, was erst zu beweisen und vielleicht nur erst wahrscheinlich ist.

10. Bedenke, wie leicht Sinnestäuschungen entstehen, und daß oft etwas nur so scheint, ohne es zu sein. Erst nachprüfen, dann urteilen.

11. Wenn der Beschuldigte oder Zeuge die Ruhe verliert, sollst du deine Ruhe erst recht bewahren; es führt zu nichts Gutem, wenn sich zwei Menschen beschimpfen, wo eine Amtshandlung vorzunehmen ist.

12. Lieber einen (schwer oder nicht überführbaren) Schuldigen freilassen, als einen Unschuldigen schuldig machen!

Schrifttum.

Anuschat, Erich, Kriminalistische Spurenkunde, Berlin 1933.

—, Die Photographie von Fußspuren und ihre Verwertung. Arch. f. Kriminologie, Bd. 16, S. 73.

—, Über Werkzeugspuren und ihre Konservierung, Arch. f. Krim., Bd. 37, S. 132.

Brendel, Jakob, Richtlinien f. polizeiliche Erhebungen, München 1933.

Buhtz u. Schwarzacher, Die Methodik der Kleiderstaubuntersuchung, Handb. der biolog. Arbeitsmethoden, Berlin u. Wien 1934, Abt. IV, Teil 12/11, S. 627—636.

Groß, Hans, Handbuch f. Untersuchungsrichter, 7. Aufl., München 1932. (Von der 8. Aufl. ist z. Z. erst Bd. I unter dem Titel „Handbuch der Kriminalistik", München 1942 erschienen, der im IV. Abschnitt einiges über Spurenkunde enthält.)

Handwörterbuch der gerichtl. Medizin u. naturwissenschaftl. Kriminalistik, Berlin 1940.

Heindl, Robert, System u. Praxis der Daktyloskopie, 3. Aufl., Berlin 1927.

Heindl u. Uhlenhut, Eine Irrtumsmöglichkeit bei der Uhlenhutschen Präzipitinprobe, Arch. f. Krim., Bd. 106, S. 46 und Bd. 110, S. 53.

Jeserich, Rudolf, Chemie u. Photographie im Dienste der Verbrechensaufklärung, Berlin 1930.

Klatt, O., Die Körpermessung der Verbrecher, Berlin 1902 (S. 80).

Kriminalistische Staubuntersuchung, Arch. f. Krim., Bd. 92 und 93.

Leers, Die forensische Blutuntersuchung, Berlin 1910.

Leibig, Kriminaltechnik, München 1937.

Lichem, Arnold, Die Kriminalpolizei, Graz 1935.

Merkblatt über Sicherung und Verwertung von Tatortspuren. Herausgegeben vom Landeskriminalpolizeiamt Berlin 1928.

Merkel u. Walcher, Gerichtsärztliche Diagnostik und Technik, Leipzig 1936.

Müllner berichtet über sein Abgußverfahren in den „Krim. Monatshefte", Jahrg. 1930, S. 272.

Orsos, F., Die Bedeutung der Spurenkunde i. d. gerichtlichen Medizin, Budapest 1938.

Philipp, Lothar, Kriminalistische Spurenkunde. Miniatur-Bibliothek Nr. 1361—1366, Leipzig (o. J.).
Polke, Kriminaldirektor a. D., „Winke für Durchsuchungen und Hinweis auf verschiedene Verstecke", Bonn 1936, Selbstverlag.
Poller, Alphons, Das Pollersche Verfahren zum Abformen, Berlin u. Wien 1931.
Rehfeldt, Paul, Gerichtsärztliche Tatbestandsfeststellungen, Berlin 1927.
Reitberger, L., Echte und vorgetäuschte Brandursachen, Arch. f. Krim., Bd. 105, S. 13ff.
Schneickert, Hans, Kriminaltaktik, 5. Aufl., Berlin 1940.
—, Der Beweis durch Fingerabdrücke, 2. Aufl., Jena 1943.
Schneider, Ernst, Kriminalpolizeiliche Aufklärung von Verkehrsunfällen, Berlin 1938.
Schwarzacher, W., Über die Grundlagen der vergleichenden Haaruntersuchung, Arch. f. Krim., Bd. 113, S. 11.
v. Schwarz, E., Brandursachen, München 1909.
Specht, W., Der naturwissenschaftlich-kriminalistische Indizienbeweis in der Brandermittelung, Zeitschr. f. d. ges. gerichtl. Medizin, Berlin 1938, Bd. 29, S. 203—248.
Tenner, Fr., Kriminalistik in Merkblättern, München 1930.
Tramm, K. A., Brandstiftung und Brandursachen. Die Technik ihrer Ermittelung, Gotha 1934.
Weingart, A., Handbuch für das Untersuchen von Brandstiftungen, Leipzig 1895.
— Kriminaltaktik, Leipzig 1904.
Vogel, Brandstiftungen und ihre Bekämpfung. Berlin 1929.

Sachverzeichnis.

FSC
www.fsc.org
MIX
Papier | Fördert
gute Waldnutzung
FSC® C083411

Kolibri 360 GmbH
Ferdinand-Jühlke-Straße 7
99095 Erfurt, Deutschland
produktsicherheit@kolibri360.de